Bernhard Kraak (Hrsg.)
Ausbildung in Psychologie
für Nicht-Psychologen

Studien zur
Pädagogischen Psychologie
Band 14

Herausgegeben von Bernhard Kraak

Ausbildung in Psychologie für Nicht-Psychologen

Herausgegeben von Bernhard Kraak

Beltz Verlag · Weinheim und Basel

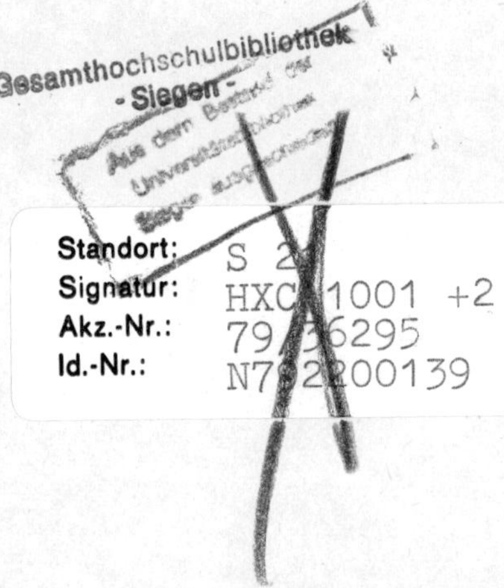

Alleinauslieferung:
Beltz Verlag, Postfach 1120
6940 Weinheim/Bergstr.

ISBN 3 407 20214 8

Inhalt

Seite

WIE DIE BEITRÄGE ZU DIESEM BUCH ZUSTANDE KAMEN

Die Sektion "Ausbildung in Psychologie" des Berufsverbandes Deutscher Psychologen veranstaltete im April 1978 in Mannheim eine Tagung mit dem Thema des Buches. Der Sektion gehören Psychologen an, die in Psychologie ausbilden. Sie unterrichten an Universitäten Psychologie-Studenten und Studenten anderer Fächer, für die also Psychologie ein Nebenfach ist. Sie unterrichten an Fachhochschulen und an Fachschulen Studierende, zu deren Ausbildungsplan Psychologie gehört. An Einrichtungen beruflicher Weiterbildung unterrichten sie Angehörige verschiedener Berufe, deren berufliche Qualifikation durch psychologische Kenntnisse erweitert werden soll. Sie unterrichten auch Menschen, die hoffen, Psychologie werde ihnen helfen, ihre Probleme, z.B. als Eltern, als Lebenspartner, als Verbandsfunktionär, besser zu meistern. An Gymnasien und Gesamtschulen unterrichten sie Schüler, die Psychologie als ein Schulfach gewählt haben.

Der Vorstand der Sektion, dem - außer dem Herausgeber - Prof. Dr. Bernd Gasch, Dortmund, Prof. Dr. Peter Orlik, Saarbrücken, Dr. Sabine Kowal, Berlin, und Dr. Walter F. Kugemann, Erlangen, angehörten, wählte Probleme der Ausbildung in Psychologie für Nicht-Psychologen als Schwerpunktthema für seine Amtsperiode September 1976 bis September 1978. Dazu veranlaßte ihn folgendes:

- Auf Veranstaltungen der Sektion war häufig von Sektionsmitgliedern darauf hingewiesen worden, daß es im Hinblick auf die Ausbildung in Psychologie für Nicht-Psychologen zahlreiche und schwierige Probleme gäbe.
- Der Vorstand war der Annahme, daß die bereits zu beobachtende Steigerung der Nachfrage nach Psychologie-Ausbildung für Nicht-Psychologen anhalten und daß damit auch die Bedeutung dieser Ausbildungen für das gesamte Fach

weiterhin zunehmen würde. Für diese Annahme sprach die Information, daß in Gebieten mit hoher "Psychologendichte", wie z.B. den USA, der relative Anteil von Psychologen, die selber Psychologie anwenden, laufend abgenommen hat zugunsten eines steigenden Anteils von Psychologen, die Nicht-Psychologen mit psychologischen Informationen versehen.

Da curriculare Probleme, also die Frage, was soll zu welchem Zweck welchem Personenkreis unterrichtet werden? aufgrund zahlreicher Äußerungen von Sektionsmitgliedern besonders dringlich zu sein schienen, wurden sie als Thema für die Sektionstagung 1978 bestimmt.

Das Thema wurde in Gruppen in zwei halbtägigen Sitzungen bearbeitet, und zwar in Gruppen, die sich nach "Abnehmer"-Merkmalen zusammensetzten, also z.B. Ausbildung in Psychologie für Lehrer. Die Diskussion jeder Arbeitsgruppe wurde durch ein Referat eingeleitet. Hier abgedruckt sind diese Referate in überarbeiteter und durchweg erweiterter Form und kurze Berichte über die wichtigsten Themen und Ergebnisse der Gruppendiskussionen sowie ein Bericht über die gemeinsame Abschlußdiskussion aller Arbeitsgruppen.

Die Arbeitsgruppensitzungen wurden außer durch die Einleitungsreferate durch eine Plenumsveranstaltung vorbereitet, in der allgemeine Probleme der Ausbildung in Psychologie für Nicht-Psychologen behandelt wurden (Referate Saterdag und Kraak).

Bernhard Kraak

BERNHARD KRAAK

PROBLEM-ORIENTIERTE AUSBILDUNG IN PSYCHOLOGIE

1. Die Wahl von Lernzielen und Lehrinhalten

Auf die Frage, welche Informationen zu welchem Zweck in einer Ausbildung vermittelt werden sollen, geben Studienpläne und Prüfungsordnungen in der Regel nur globale Antworten. Meistens nennen sie nur Fächer, allenfalls Themenbereiche. Aufgabe der Lehrenden ist es, im Rahmen dieser Regelungen Lernziele und Lehrinhalte zu bestimmen. Das geschieht, soweit ich sehe, vor allem auf einem der drei folgenden Wege:

- Die Lehrenden orientieren sich an den in der wissenschaftlichen Literatur bevorzugt behandelten Themen, also an dem, worüber es "viel gibt", und wählen für ihren Unterricht das aus, was Psychologen, die Forschung betreiben und Artikel und Bücher schreiben, besonders wichtig zu sein scheint. - Sie können ihre Auswahl damit rechtfertigen, daß sie nach einem objektiven Kriterium vorgehen und nicht nach ihren persönlichen Vorlieben.

- Andere Unterrichtende gehen aus von dem, worüber sie selbst am meisten wissen, sei es, weil es in ihrer eigenen Ausbildung Vorrang hatte, sei es, weil sie auf diesen Gebieten in der Forschung oder Praxis arbeiten. - Sie können ihre Auswahl damit rechtfertigen, daß sie über das reden, worin sie sich wirklich auskennen.

- Wieder andere gehen von den künftigen beruflichen Aufgaben der zu Unterrichtenden aus und damit von den von ihnen in Zukunft zu lösenden Problemen. Veröffentlichte

Beispiele für diesen Ansatz sind das Curriculum für das Hauptfachstudium der Psychologie mit der Spezialisierungseinrichtung Pädagogische Psychologie von BRANDTSTÄDTER u. a. (1976) und die Lernziele von DAHME u.a. (1977) für den Unterricht in Medizinischer Psychologie für Medizinstudenten.

LAUCKEN (1977, S. 89) bezeichnet als Aufgabe eines Studiums, einen Studierenden so zu qualifizieren, daß es ihm möglich ist, in einem bestimmten Berufsfeld Probleme zu finden und zu lösen.

Die Autoren einiger Psychologie-Lehrbücher für Lehrer begründen die Auswahl ihrer Themen mit den beruflichen Problemen von Lehrern: SULLY (1898, S. 7), METZGER (1971, S. 9), MINSEL & PALLASCH (1975, S. 7).

Für den Psychologie-Unterricht in der Sekundarstufe allgemeinbildender Schulen empfiehlt der Vorstand der Deutschen Gesellschaft für Psychologie (1975, S. 72), der Unterricht solle von Problemen ausgehen, die für die Schüler relevant sind.

Orientierung an den Problemen der zu Unterrichtenden, bei Berufsausbildungen an den zu erwartenden künftigen beruflichen Problemen, erscheint mir als der zweckmäßigste Weg zur Bestimmung von Lernzielen und Lehrinhalten. Dieser Weg ist <u>anwendungsbezogen</u>, und auf Anwendbarkeit des zu Lernenden sollte es wohl ankommen. (BONEAU 1972, S. 369; PAWLIK 1975, S. 93)

2. Die Auffassung wissenschaftlicher Theorien als Instrumente zum Problemlösen

Wissenschaftliche Theorien können in zweifacher Hinsicht als Instrumente zum Lösen von Problemen aufgefaßt werden:

a) Wissenschaftliche Theorien stellen Versuche dar, Erklärungsprobleme generell zu lösen. Sie haben in der Regel die probabilistische Struktur "Wenn A vorliegt (eintritt oder hergestellt wird), dann wird dadurch die Wahrscheinlichkeit erhöht, daß B eintritt". Solche Theorien nennen nicht-hinreichende Bedingungen, also Bedingungen, die für sich allein nicht zum Eintreten von B führen, wohl aber dann, wenn weitere Ursachen für B vorliegen (SUPPES 1970, S. 8). Der Zusammenhang zwischen der Wenn-Komponente einer Theorie und ihrer Dann-Komponente kann auch mit Formulierungen wie "Je-desto" gekennzeichnet werden, z.B. "Je mehr A, desto mehr B" oder "Je mehr A, desto weniger B". Meistens ist mit solchen Formulierungen, genau genommen gemeint: "Es besteht eine gewisse Wahrscheinlichkeit, daß je mehr A, desto mehr/weniger B".

Manchmal werden deterministische Formulierungen gebraucht: "Wenn A vorliegt (eintritt oder hergestellt wird), dann wird (mit Sicherheit) B eintreten". Damit wird A als hinreichende Bedingung bezeichnet. Es wird also angenommen, daß das Vorliegen von A allein zum Eintreten von B führt. Weil aber jedes Ereignis, jeder Zustand mehrere, meistens viele Bedingungen hat, ist diese Aussage in der Regel nur dann möglich, wenn von weiteren Bedingungen angenommen wird, daß sie in jedem denkbaren Fall vorliegen. Ohne diese zusätzliche Annahme können Theorien nur dann deterministisch formuliert werden, wenn in ihrer Wenn-Komponente die Menge von Bedingungen aufgezählt wird, die insgesamt hinreichend für B ist.

Da Theorien Aussagen darüber machen, welche Sachverhalte (Ereignisse oder Zustände) die Wahrscheinlichkeit dafür erhöhen, daß bestimmte andere Sachverhalte eintreten, ermöglichen sie, ihr Eintreten zu erklären: Wann immer die in der Dann-Komponente einer Theorie genannten Sachverhalte vorliegen oder eintreten, sind die in der Wenn-Komponente genannten Sachverhalte mögliche Ursachen.

Zu Theorien in diesem Sinne gehört auch das, was gelegentlich als "Grundlagenwissen" bezeichnet wird und womit sogenannte Gesetzmäßigkeiten gemeint sind, die durch Experimente bestätigt wurden.

b) Wissenschaftliche Theorien als Lösungen von allgemeinen Erklärungsproblemen können angewendet werden zur Lösung weiterer Probleme:

Wissenschaftliche Theorien können angewendet werden zur Lösung von Erklärungsproblemen in konkreten Fällen, also von Problemen der folgenden Art: Woran liegt es, d.h. welches sind die Ursachen dafür, daß in einem konkreten Fall der Sachverhalt S vorliegt?

Beispiele: Woran liegt es, daß Frauen in westdeutschen Betrieben und Behörden von Möglichkeiten, sich beruflich zu qualifizieren, weniger Gebrauch machen als Männer? - Woran liegt es, daß die Person p sich depressiv verhält?

Wissenschaftliche Theorien liefern zur Lösung von Erklärungsproblemen in konkreten Fällen Informationen darüber, welche Sachverhalte Ursachen (Bedingungen) für den zu erklärenden Sachverhalt S sein können.

Beispiele: Handlungstheorien nennen als mögliche Ursachen für das genannte berufliche Verhalten von Frauen: Geringere Priorität beruflicher Ziele und/oder pessimistischere Einschätzung der Erfolgschancen beruflicher Qualifikationen. - Bestimmte Theorien depressiven Verhaltens nennen als mögliche Ursache Erfahrungen der Wirkungslosigkeit eigenen Handelns.

Wissenschaftliche Theorien können angewendet werden und dadurch beitragen zur Lösung von Wegproblemen, also von Problemen der folgenden Art: Auf welchem Wege kann ein Ziel Z erreicht werden? Soll ein bestimmter möglicher Weg beschritten werden? Welcher von mehreren möglichen Wegen ist vorzuziehen?

Beispiele: Wie kann erreicht werden, daß Frauen von Möglichkeiten, sich beruflich zu qualifizieren, häufiger Gebrauch machen? - Wie kann erreicht werden, daß die Person p sich nicht mehr depressiv verhält? - Wenn es grundsätzlich möglich erscheint, Eltern dazu zu veranlassen, daß sie mehr mit ihren Kindern spielen, indem man ihnen die negativen Folgen mangelhafter Eltern-Kind-Kontakte ausmalt, oder indem man ihnen zeigt, welche positiven Auswirkungen von zahlreichen spielerischen Eltern-Kind-Kontakten zu erwarten sind, welcher Weg ist vorzuziehen?

Wissenschaftliche Theorien liefern Informationen zur Lösung von Wegproblemen, indem sie Sachverhalte nennen, die mögliche Ursachen (Bedingungen) für den Sachverhalt sind, dessen Eintreten angestrebt wird. Sie nennen also Bedingungen, deren Herstellung zum Eintreten eines Sachverhalts beitragen würde, der in diesem Zusammenhang ein Ziel Z ist.

Beispiele: Wenn Frauen erleben, daß Frauen, die sich beruflich qualifiziert haben, auch ebenso oft beruflich aufsteigen wie Männer, die sich entsprechend qualifiziert haben, dann werden sie von der Möglichkeit, sich beruflich zu qualifizieren, häufiger Gebrauch machen. - Wenn die Person p in einer Therapie die Erfahrung macht, daß ihr Handeln zu den damit angestrebten Wirkungen führt, dann wird dadurch ihr depressives Verhalten reduziert werden.

Zur Lösung von Wegproblemen können wissenschaftliche Theorien auch dadurch beitragen, daß sie andere Auswirkungen des Herstellens bestimmter Bedingungen nennen (andere als das Eintreten des Zielsachverhalts), also Nebenwirkungen, die unter Umständen positiv oder negativ sehr bedeutsam sein können und damit ausschlaggebend für die Wahl eines Weges.

Beispiele: Wenn Eltern über die möglichen schädlichen Auswirkungen mangelhaften Eltern-Kind-Kontakts informiert werden, muß befürchtet werden, daß Angst und Schuldgefühle erzeugt werden. Von solchen Gefühlen wird angenommen, daß sie den Einfallsreichtum in der Gestaltung des spielerischen Umgangs beeinträchtigen. Psychologische Theorien nennen keine solchen Nebenwirkungen, wenn Eltern über die positiven Folgen spielerischen Eltern-Kind-Kontakts informiert werden.

Wissenschaftliche Theorien können angewendet werden und

dadurch beitragen zur Lösung von <u>Bewertungsproblemen</u>, also von Problemen der folgenden Art: Was sollen wir bzw. was soll ich von dem Sachverhalt S halten, d.h. wie sollen wir bzw. wie soll ich ihn bewerten, positiv oder negativ, und welche Bedeutsamkeit sollen wir bzw. soll ich ihm beimessen?

Beispiele: Eltern und Lehrer könnten sich fragen, ob sie es positiv bewerten sollen, wenn Kinder Leistungsehrgeiz entwickeln. - Politiker könnten sich fragen, wie schlimm sie es finden sollen, daß Jugendliche längere Zeit arbeitslos sind.

Wissenschaftliche Theorien liefern zur Lösung von Bewertungsproblemen Informationen darüber, welche Auswirkungen von den zu bewertenden Sachverhalten, z.B. von bestimmten Zuständen, von bestimmten Ereignissen, von bestimmten Handlungen, von bestimmten Institutionen, von bestimmten Normen, bestimmten Regelungen, zu erwarten sind.

Beispiele: Psychologische Theorien nennen Auswirkungen von Leistungsehrgeiz auf das Leistungsverhalten und auf das soziale Verhalten. - Psychologische Theorien nennen Auswirkungen einer Lebenssituation wie der der Arbeitslosigkeit, in der Menschen weniger Gelegenheiten haben, sich selbst als handelnd und wirkend zu erleben, und zu wissen, daß sie gebraucht werden. Psychologische Theorien nennen Lernprozesse beruflicher Sozialisation, die der Arbeitslose nicht durchläuft.

Die Anwendung wissenschaftlicher Theorien zur Lösung von Bewertungsproblemen beruht auf dem Prinzip, die Bewertung von Sachverhalten zu begründen mit der Bewertung von Auswirkungen dieser Sachverhalte. Dieses Prinzip ist das der teleologischen Ethik (FRANKENA 1972, S. 32-35), dort allerdings beschränkt auf die moralische Bewertung von Handlungen. Hinweise auf die Möglichkeit, Bewertungen von Sachverhalten mit Bewertungen von Auswirkungen zu begründen, finden sich auch bei Max WEBER (1951, S. 477 und 543), bei POPPER (1958, S. 285-295), bei ALBERT (1960,

S. 193) und bei OPP & SCHMIDT (1976, S. 19-20), und zwar nicht bezogen auf Handlungen, sondern auf politische Systeme (WEBER), auf Wissenschaftstheorien (POPPER), auf soziale Experimente (ALBERT) und generell auf die "Realisierung von Werten" (OPP & SCHMIDT). ISELER (1976, S. 44) erwähnt die Möglichkeit, wissenschaftliche Relevanz, also eine Bewertung wissenschaftlicher Vorhaben, entscheidungstheoretisch zu begründen als "Erwartungswert der Nutzensteigerung". Probleme, die sich ergeben, wenn Bewertungen von Sachverhalten mit der Bewertung ihrer Auswirkungen begründet werden, hat KRAAK (1978, S. 64-66) diskutiert.

Wissenschaftliche Theorien können angewendet werden und dadurch beitragen zur Lösung von Zielproblemen, also von Problemen der folgenden Art: Sollen wir uns bzw. soll ich mir die Herbeiführung des Sachverhalts Z zum Ziel setzen? Oder: Welchem von mehreren Zielsachverhalten Z_1, Z_2, ... soll Vorrang, also höhere Priorität gegeben werden?

Beispiele: Soll Leistungsehrgeiz gefördert werden? - Soll in der Psychotherapie der Freiheit von bestimmten Symptomen Vorrang gegeben werden vor der Entwicklung selbständigen Urteilens und Handelns?

Wissenschaftliche Theorien liefern zur Lösung von Zielproblemen Informationen darüber, welche Auswirkungen von der Erreichung eines Zustandes, der als Ziel erwogen wird, bzw. vom Eintreten eines Ereignisses, das als Ziel erwogen wird, zu erwarten sind.

Beispiele: Wissenschaftliche Theorien nennen Auswirkungen von Leistungsehrgeiz. - Wissenschaftliche Theorien liefern Informationen darüber, wie die Befreiung von bestimmten Symptomen erlebt wird, welche Auswirkungen sie auf Stimmung und Aktivität hat.

Die Anwendung wissenschaftlicher Theorien zur Lösung von Zielproblemen beruht auf einem analogen Prinzip wie bei der Lösung von Bewertungsproblemen: über Ziele wird entschieden aufgrund der Bewertungen der von ihrer Erreichung zu erwartenden Auswirkungen (LINDENLAUB 1973; BRANDTSTÄDTER 1976, S. 229; KRAAK 1977 und 1978; OPP & SCHMIDT 1976, S. 19; PERREZ 1976, S. 150).

3. Konsequenzen der Auffassung, daß Theorien Lösungsversuche von Erklärungsproblemen darstellen, für die Ausbildung

Für die wichtigste Konsequenz halte ich, daß man deutlich macht: Weil Theorien Lösungs*versuche* sind, können sie auch falsch sein, kann es sein, daß sie nicht zutreffen. - Eigentlich sollte das selbstverständlich sein. Aber man begegnet doch nicht selten der Auffassung, daß wissenschaftliche Theorien, weil sie wissenschaftlich sind, mindestens einen Kern von Wahrheit enthalten müßten. Gäbe es diese Auffassung nicht, könnte ich mir nicht erklären, warum so häufig wissenschaftliche Theorien dargestellt oder zur Erklärung konkreter Sachverhalte herangezogen werden, ohne daß die Frage gestellt wird, ob man überhaupt annehmen könne, daß sie zutreffen.

Wenn man Theorien als Versuche zur Lösung von Erklärungsproblemen auffaßt und darstellt, kann sich daran eine Diskussion darüber anschließen, welche Rolle möglicherweise gesellschaftliche und individuelle Bedingungen sowohl bei der Auswahl der Probleme wie bei der Wahl von Lösungsansätzen spielen: Was von Wissenschaftlern als zu erklärendes Problem angesehen wird und welche Erklärungen ihnen in den Sinn kommen, welche Erklärungen ihnen am ehesten einleuchten oder am besten zur Publikation geeignet erscheinen, das dürfte sowohl von den Zielen und Vorurteilen gesellschaftlicher Gruppierungen, vom Interesse an der Erhaltung und Rechtfertigung oder an der Veränderung von Zuständen beeinflußt sein, wie von persönlichen Erfahrungen von Wissenschaftlern, von ihren individuellen Vorlieben und Abneigungen.

Die Diskussion solcher Bedingungen wird kaum die Vorstellung zum Ergebnis haben, daß die Wahl wissenschaftlicher Themen und der Entwurf wissenschaftlicher Theorien allein aus innerer Sachlogik folgen, aber wohl auch nicht die Vorstellung, daß "die Herrschenden" den Wissenschaftlern Themenwahl und Problemlösung vorschreiben und daß Wissenschaft nichts anderes ist als ein Instrument zur Erhaltung von Herrschaft. Eine Diskussion solcher Bedingungen wird aber auch zu der Einsicht beitragen, daß es notwendig und zweckmäßig ist, <u>Theorien kritisch zu beurteilen.</u>

Wissenschaftliche Theorien, meine ich, sollten nicht unterrichtet werden, ohne Diskussion der Möglichkeiten zur Theoriebeurteilung, ohne Einführung in eine <u>"Beurteilungslogik".</u> Grundgedanke dieser Logik ist, daß von Theorien nicht angenommen werden kann, daß sie zutreffen, wenn empirische Daten ihnen widersprechen, jedenfalls dann nicht, wenn sie das in größerer Häufigkeit und in größerem Umfang tun.

Empirische Daten sind Informationen darüber, ob beim Vorliegen (Eintreten oder Herstellen) der in Theorien genannten Bedingungen die in denselben Theorien genannten Auswirkungen eingetreten sind. Empirische Daten, ob sie eigenen Beobachtungen entstammen oder Beobachtungen anderer, die darüber z.B. in Berichten über wissenschaftliche Untersuchungen informieren, sind danach zu beurteilen, ob und in welchem Grade die <u>Probleme empirischer Daten</u> gelöst worden sind:

- <u>Indikatorprobleme:</u> Vorausgesetzt, die theoretischen Begriffe sind so definiert und präzisiert worden, daß sie das treffen, worum es einem geht, ist zu fragen: Sind die beobachtbaren Indikatoren aufgrund theoretischer Annahmen bestimmt worden, die man für zutreffend hält?

Beispiel: Wenn jemand Theorien, die opportunistisches Verhalten im Sinne der Anpassung an Gruppendruck erklären, beurteilen will, sollte er sich bei empirischen Untersuchungen über "konformes Verhalten" fragen, ob von den Autoren dieses Verhalten so definiert und präzisiert wurde, daß es seinen Vorstellungen von opportunistischem Verhalten wenigstens ähnelt. - Er wird sich, wenn er diese Frage bejaht, weiter fragen müssen, ob er z.B. die Erhebungstheorien für zutreffend hält, die der Annahme zugrundeliegen, daß aus der Wahrnehmung diskrepanter Mehrheitsurteile auf die Wahrnehmung von Gruppendruck geschlossen werden könne.

- Stichprobenprobleme: Sind die Stichproben an Personen, Ereignissen, Zuständen oder Situationen so ausgewählt worden, daß angenommen werden kann, sie repräsentieren die betreffende Gesamtheit in den Merkmalen, auf die es bei den betreffenden empirischen Daten ankommt?

- Signifikanzprobleme: Kann von Unterschieden in Häufigkeiten oder Meßwerten angenommen werden, daß sie groß genug sind, um nicht für Zufallsergebnisse gehalten zu werden können?

In wissenschaftlichen Darstellungen empirischer Untersuchungen werden in der Regel die Signifikanzprobleme diskutiert, die Ergebnisse von Signifikanztests werden berichtet. Auch Stichprobenprobleme werden oft behandelt. Die mindestens ebenso wichtigen Indikatorprobleme werden oft nicht erörtert. Das erschwert es oder macht es sogar unmöglich, empirische Daten daraufhin zu beurteilen, ob sie stichhaltig für die Beurteilung einer bestimmten Theorie sind.

Die Suche nach Informationen zur Theoriebeurteilung erweist sich auch sonst oft als zeitraubend und frustrierend. Nicht selten endet sie mit mageren Ergebnissen im Hinblick auf wissenschaftlich gewonnene empirische Daten. Was man in solchen Fällen tun kann, d.h. nach welcher Art von Informationen man dann ausschauen sollte, hat LINDENLAUB (1976, S. 112-121) diskutiert.

Wichtig ist, daß in der Psychologie-Ausbildung vermittelt wird, nach welchen Kriterien empirische Daten zu beurteilen sind. Wichtig ist, dabei auch klar zu machen, daß diese Kriterien nicht nur für wissenschaftliche Daten gelten, sondern ebenso für alle anderen Erfahrungsdaten, also auch z.B. für eigene Alltagsbeobachtungen. Ehe man aus eigenen Beobachtungen Schlußfolgerungen zieht, sollte man sich genauso fragen, wie es mit der Lösung der Indikatorprobleme, der Stichprobenprobleme und der Signifikanzprobleme steht.

4. Konsequenzen der Auffassung, daß Theorien zur Lösung von Problemen angewendet werden können, für die Ausbildung

a) Wenn man Theorien als Instrumente zum Problemlösen auffaßt, sollte im Rahmen wissenschaftlicher Ausbildungen in eine "Anwendungslogik" eingeführt werden. Grundgedanke dieser Logik ist:
Wissenschaftliche Theorien können zur Lösung aller Probleme beitragen, deren Lösung Annahmen über Ursache-Wirkungs-Zusammenhänge impliziert.

Man braucht:
- Zur Lösung von Erklärungsproblemen und zur Lösung von Wegproblemen Theorien, die den zu erklärenden bzw. den zu erreichenden Sachverhalt als Auswirkung bezeichnen, also in ihrer Dann-Komponente nennen.
- Zur Lösung von Bewertungsproblemen und zur Lösung von Zielproblemen Theorien, die den zu bewertenden Sachverhalt bzw. den Zielsachverhalt als Ursache bezeichnen, also in der Wenn-Komponente nennen.

Zur Anwendungslogik gehört auch die folgende Überlegung: Theorien bezeichnen nicht nur dann einen Sachverhalt als Ursache oder Wirkung, wenn sie den entsprechenden Begriff enthalten, sondern auch dann, wenn sie einen entsprechenden Oberbegriff enthalten, d.h. wenn der betreffende Sachverhalt zu einer Klasse von Sachverhalten gehört, über die eine Theorie eine Aussage macht. Daher ist es oft zweckmäßig, nach Theorien eines höheren Allgemeinheitsgrades zu suchen.

b) Wenn man Theorien als Instrumente zum Problemlösen auffaßt, ermöglicht das auch, ein Auswahlkriterium für die Inhalte von Ausbildungen zu präzisieren, das im Prinzip wohl schon alle diejenigen anwenden, die problem-orientiert unterrichten: Theorien sind dann für die betreffende Ausbildung relevant, wenn sie geeignet sind, zur Lösung solcher Erklärungsprobleme, Wegprobleme, Bewertungsprobleme und Zielprobleme beizutragen, die in der Berufspraxis oder Lebenspraxis der zu Unterrichtenden vorkommen oder deren Vorkommen erwartet wird.

Eine Schwierigkeit liegt aber in Folgendem: Orientiert man sich an den gegenwärtigen Problemen, könnte man befürchten, daß dadurch zu einer Verfestigung gegenwärtiger Zustände, Regelungen und Berufspraktiken beigetragen würde. Will man sich an Problemen orientieren, die in Zukunft auf die Auszubildenden zukommen werden, müssen Prognosen gestellt werden, die möglicherweise recht gewagt sind. Aber vielleicht kann man diese Schwierigkeit auch überschätzen. Denn: 1. Bedeutet Orientierung an gegenwärtigen Problemen keineswegs, daß auch die gegenwärtig üblichen Problemlösungen übernommen werden. Im Gegenteil, eine problem-orientierte Diskussion, die möglichst alle Auswirkungen von Zielen und möglichst alle Nebenwirkungen von Wegen berücksichtigt, kann Nachteile und Mängel gegenwärtiger Praxis aufdecken. 2. Vermittelt problemorientierte Ausbildung übertragbare Lösungsstrategien, die nicht an einen bestimmten Problemstand, erst recht nicht an eine bestimmte Sicht der Probleme fixiert sind.

Für die Anwendung des Auswahlkriteriums wäre als erster Schritt eine Rangordnung von Praxisproblemen zu bilden aufgrund der folgenden Kriterien:

- Wie häufig kommen die betreffenden Probleme in dem betreffenden Praxisfeld vor?
- Wie bedeutsam ist die Lösung dieser Probleme für die davon Betroffenen?

Mit einem zweiten Schritt lassen sich Theorien auswählen nach ihrer Eignung, zur Lösung der häufigsten und bedeutsamsten Probleme beizutragen, aufgrund der folgenden Kriterien:

- Sind sie relevant für die Lösung dieser Probleme?
- Kann angenommen werden, daß sie zutreffen?
- Nennen Theorien, die zur Lösung von Wegproblemen in Frage kommen, Bedingungen, die beeinflußbar oder herstellbar sind?

Bei der Auswahl von Lehrinhalten so vorzugehen, impliziert selbstverständlich nicht die Auffassung, daß die Ausgebildeten bei der Lösung von Wegproblemen alle in Frage kommenden Bedingungen selbst herstellen können oder auch selbst herstellen sollten. Von bestimmten therapeutischen Bedingungen, also therapeutischen Maßnahmen, kann man z.B. aus guten Gründen meinen, daß sie nur von solchen Personen hergestellt werden sollten, die dafür speziell ausgebildet sind, etwa im Rahmen eines Psychologie-Studiums. (Aufgabe der Ausgebildeten wäre es, sich in Kenntnis dieser Auffassung an sachlich Zuständige zu wenden.) - Manche institutionellen Bedingungen, etwa solche, die gesetzlich normiert sind, lassen sich nur auf dem Wege politischen Handelns ändern, also nicht immer im Rahmen beruflicher Tätigkeit.

c) Wenn man Theorien als Instrumente zum Problemlösen auffaßt, dann erscheint es im Hinblick auf die Planung von

Veranstaltungen nicht als zweckmäßig, wenn sie der Darstellung nur einer Theorie oder nur eines Theoriesystems gewidmet sind, etwa der Entwicklungstheorie von FREUD oder gar "der Psychoanalyse". In einem fortgeschrittenen Stadium der Ausbildung mag eine solche Darstellungsweise gelegentlich angemessen sein. Vor allem in der Anfänger-Ausbildung scheint es mir aber wichtig zu sein, zunächst ganz deutlich zu machen, daß Theorien Versuche sind, Probleme mit Hilfe bestimmter Annahmen zu lösen, und daß verschiedene Versuche mit unterschiedlichen Annahmen möglich sind. Das geschieht am besten durch einen problemorientierten Unterricht, wenn man also von bestimmten Problemen ausgeht und mehrere unterschiedliche Lösungsansätze, also konkurrierende Theorien behandelt. Beispiele wären mehrere Theorien, die aggressives Verhalten erklären sollen, oder mehrere Theorien, die Bedingungen nennen für das Gelingen oder Scheitern von Verhandlungen, oder mehrere Theorien, die Bedingungen dafür nennen, daß der Schulerfolg mit abhängt von der Zugehörigkeit der Eltern zu unterschiedlichen sozialen Schichten.

Wenn von Problemen ausgegangen wird, wird der instrumentelle Charakter von Theorien auch insofern deutlich, als sich zeigen kann, daß verschiedene Theorien, die für einen Sachverhalt unterschiedliche Bedingungen nennen, zur Lösung bestimmter Probleme, z.B. von Wegproblemen, je nach den Umständen unterschiedlich geeignet sein können. Etwa wenn eine Theorie historische, also im konkreten Fall nicht mehr änderbare, aber vielleicht für präventive Maßnahmen wichtige Bedingungen nennt, eine andere Theorie dagegen situative Bedingungen, also auch im konkreten Fall prinzipiell beeinflußbare Bedingungen.

LAUCKEN (1977, S. 82) bezeichnet den "monotheoretischen Zugang" als unbegründet dogmatisch und weist darauf hin, daß er zu einem nicht vertretbaren Verzicht auf die Nutzung theoretischen Wissens führt. SCHÖNPFLUG (1977,

S. 223) nennt als Gefahr, daß Studenten, die unter der Belastung des Anfangs stehen, leicht in die Versuchung kommen, sich auf eine Theorie zu beschränken und in ihrer Terminologie, ihren Prämissen und ihrem Argumentationsstil heimisch zu werden.

5. Die Lösung des Theorie-Praxis-Problems

Geht man bei Ausbildungen von der Auffassung aus, daß Theorien Instrumente zum Lösen von Problemen sind, und werden die Unterrichteten dazu befähigt, mit Hilfe von Beurteilungslogik und Anwendungslogik Theorien zur Anwendung auszuwählen, dann kann es für sie kein grundsätzliches Theorie-Praxis-Problem mehr geben. Sie müßten dann wissen, was Theorien mit Praxis und was Praxis mit Theorien zu tun haben. Sie müßten wissen - wenigstens im Prinzip -, in welcher Weise man Theorien für die Praxis nutzbar machen kann. Sie können dann zur Lösung von Erklärungs- und Bewertungsproblemen, die sich ihnen in ihrer Praxis stellen, Theorien heranziehen. Sie können Theorien heranziehen zur Lösung ihrer Zielprobleme und ihrer Wegprobleme, damit zur Lösung von Praxisproblemen im engsten Sinne. Denn das sind wohl die entscheidenden Praxisprobleme, die im eigentlichen Sinne praktischen Probleme: _Was_ soll erreicht werden, was soll Ergebnis der Praxis sein? Oder auch: Was soll in welcher Rangordnung angestrebt werden? Und: _Wie_, d.h. auf welche Weise, auf welchen Wegen können und sollen die Ziele, für die man sich entschieden hat, erreicht werden?

Diese Lösung des Theorie-Praxis-Problems ist vielseitig anwendbar. Sie beruht auf wissenschaftstheoretisch reflektierten Strategien, und zwar:

- _Strategien der Informationsgewinnung_,
- _Strategien der Informationsbeurteilung_,
- _Strategien der Informationsanwendung_.

Diese Strategien sind nicht auf bestimmte Praxissituationen beschränkt, sind nicht auf bestimmte Theorien zugeschnitten, und sie setzen auch nicht einen bestimmten Umfang inhaltlicher Kenntnisse oder eine bestimmte Auswahl von Kenntnissen voraus. Sie entsprechen Forderungen, für die GASCH (1967, S. 51-57) einen didaktischen Stufenplan diskutiert hat. Wer in seiner Psychologie-Ausbildung solche Strategien erworben hat, ist flexibel und nicht eng spezialisiert ausgebildet.

6. Konsequenzen der Auffassung, daß Theorien zur Lösung von Problemen angewendet werden können, für die Forschung

Wenn wissenschaftliche Theorien angewendet werden sollen zur Lösung von Problemen, so ergeben sich daraus nicht nur Konsequenzen für Ausbildungen, sondern auch Konsequenzen für die Forschung, vor allem für die Publikation von Forschungsergebnissen. Damit Problemlöser Theorien anwenden können, brauchen sie die folgenden Informationen:

- Eindeutige Aussagen darüber, welche Sachverhalte als Ursachen und welche Sachverhalte als Auswirkungen aufgefaßt werden und nicht nur unklare Ausführungen darüber, daß zwischen Sachverhalten irgendwelche Beziehungen bestünden.
- Informationen über empirische Daten, die mit den betreffenden Theorien vereinbar sind (sie "bestätigen") oder mit ihnen nicht vereinbar sind. Diese Informationen werden so gegeben, daß sie dem Leser ermöglichen, sich ein Urteil darüber zu bilden, ob er eine Theorie als zutreffend ansehen kann und welches Vertrauen er in diese Annahme setzen darf. Dazu gehört, daß die Indikatorprobleme, die Stichprobenprobleme und die Signifikanzprobleme dieser empirischen Daten diskutiert werden.
- Nach Möglichkeit auch Informationen darüber, wie eng

der kausale Zusammenhang zwischen den als Ursache und den als Wirkungen angenommenen Sachverhalten ist. Diese Informationen werden vor allem gebraucht für die Lösung von Ziel- und Bewertungsproblemen und für die Lösung von Wegproblemen. Für Bewertungen und für Zielentscheidungen ist es wichtig zu wissen, ob mit bestimmten Auswirkungen mit hoher oder mit geringer Wahrscheinlichkeit zu rechnen ist und/oder ob Auswirkungen in geringerem oder in größerem Umfang eintreten würden. Für Wegentscheidungen ist es wichtig zu wissen, mit welcher Wahrscheinlichkeit, d.h. mit welcher Sicherheit die Herstellung bestimmter Wegbedingungen zum Eintreten eines Zielsachverhalts führen oder beitragen würden. Entsprechendes gilt für zu erwartende Nebenwirkungen. - Wenn aber, wie es häufig geschieht, dem Leser nur die Information gegeben wird, daß zwischen Variablen ein statistisch signifikanter Zusammenhang besteht, kann er daraus nicht schließen, ob der kausale Zusammenhang sehr eng oder sehr locker ist. Korrelationskoeffizienten haben in dieser Hinsicht mehr Informationsgehalt. Zweckmäßig wäre es aber, wenn in jedem Forschungsbericht explizit erwähnt und diskutiert würde, für wie eng die Autoren die kausalen Zusammenhänge, über die sie berichten, aufgrund ihrer empirischen Daten schätzen (ROSENTHAL 1978). Zweckmäßig wäre es, wenn die Autoren ihre Schätzungen dahingehend präzisieren würden, ob durch bestimmte Sachverhalte die Eintretenswahrscheinlichkeit anderer Sachverhalte erhöht wird und in welchem Maße, oder ob durch diese Sachverhalte andere Sachverhalte in größerem Umfang auftreten und - wenn möglich - in wieviel vergrößertem Umfang.

LITERATUR

ALBERT, H. 1960. Wissenschaft und Politik. In: TOPITSCH, E. (Hrsg.) Probleme der Wissenschaftstheorie, 201-232. Wien: Springer.

BONEAU, A. 1972. On growing wiser: Learning from the employment problems of other disciplines. AMERICAN PSYCHOLOGIST 27, 367-370.

BRANDTSTÄDTER, J. 1967. Zur Bestimmung eines Tabugegenstandes der Psychologie. In: EBERLEIN, G. & PIEPER, R. (Hrsg.) Psychologie - Wissenschaft ohne Gegenstand? 223-244. Frankfurt: Campus.

BRANDTSTÄDTER, J.; FISCHER, M.; LOHMANN, J.; REINERT, G.; SCHNEEWIND, K.A.; WIEDL, K.H. 1976. Zur Entwicklung eines Curriculums für das Hauptfachstudium der Psychologie mit der Spezialisierungsrichtung "Pädagogische Psychologie". PSYCHOLOGISCHE RUNDSCHAU 27, 95-117.

DAHME, B.; EHLERS, W.; ENKE-FERCHLAND, E.; ROSEMEIER, H.-P.; SCHEER, J.-W.; SCHMIDT, L.R.; WILDGRUBE, K. 1977. Lernziele der Medizinischen Psychologie. Empfehlungen zu den Zielen und Methoden des Unterrichts. München: Urban & Schwarzenberg.

FRANKENA, W.K. 1972. Analytische Ethik. München: Deutscher Taschenbuch-Verlag.

GASCH, B. 1977. Ein didaktischer Stufenplan zur Einübung selbständiger wissenschaftlicher Arbeit an der Universität. BILDUNG UND ERZIEHUNG 30, 47-57.

ISELER, A. 1976. Der Relevanzbegriff und die Relevanzbegriffe: Versuch einer Explikation. In: ISELER, A. & PERREZ, M. (Hrsg.) Relevanz in der Psychologie, 11-53. München: Reinhardt.

KRAAK, B. 1977. Der Beitrag empirischer Wissenschaften zu Ziel- und Wertdiskussionen: Gegen den Technokratieverdacht. RATIO 19, 121-128.

KRAAK, B. 1978. Problemlösen und Entscheiden in der sozialen Praxis. Tübingen: Katzmann.

LAUCKEN, U. 1977. Psychologisches Wissen und ... z.B. Curriculum-Konstruktion. In: LAUCKEN, U. & SCHICK, A. (Hrsg.) Didaktik der Psychologie, 77-162. Stuttgart: Klett.

LINDENLAUB, S. 1973. Wissenschaft als Instrument für die Praxis. SOZIALPÄDAGOGIK 15, 242-249.

LINDENLAUB, S. 1976. Theoriebeurteilung: Warum und wie. SOZIALPÄDAGOGIK 18, 112-121.

METZGER, W. 1971. Psychologie in der Erziehung. Bochum: Kamp.

MINSEL, W.-R. & PALLASCH, W. (Hrsg.) 1975. Psychologie in der Schule. Bochum: Kamp.

OPP, K.-D. & SCHMITT, P. 1976. Einführung in die Mehrvariablenanalyse. Reinbek: Rowohlt.

PAWLIK, K. 1975. Zur Lage der Psychologie. PSYCHOLOGISCHE RUNDSCHAU 26, 81-111.

PERREZ, M. 1976. Zum Problem der Relevanzforderungen in der Klinischen Psychologie am Beispiel der Therapieziele. In: ISELER, A. & PERREZ, M. (Hrsg.) Relevanz in der Psychologie, 139-154. München: Reinhardt.

POPPER, K.R. 1958. Falsche Propheten. Hegel, Marx und die Folgen. (Die offene Gesellschaft und ihre Feinde, Bd. 2) Bern: Francke.

ROSENTHAL, R. 1978. Combining results of independent studies. PSYCHOLOGICAL BULLETIN 85, 185-193.

SCHÖNPFLUG, W. 1977. Anfängerausbildung im Fach Psychologie. In: LAUCKEN, U. & SCHICK, A. (Hrsg.) Didaktik der Psychologie, 203-229. Stuttgart: Klett.

SULLY, J. 1898. Handbuch der Psychologie für Lehrer. Leipzig: Wunderlich.

SUPPES, P. 1970. A probabilistic theory of causality. Amsterdam: North-Holland Publishing Company.

Vorstand der Deutschen Gesellschaft für Psychologie 1975. Stellungnahme zur Einrichtung des Schulfaches Psychologie in der Sekundarstufe. PSYCHOLOGISCHE RUNDSCHAU 26, 72-74.

WEBER, M. [2]1951. Gesammelte Aufsätze zur Wissenschaftslehre. Besorgt von I. Winkelmann. Tübingen: Mohr.

HERMANN SATERDAG

VERDRÄNGUNGSPROBLEME AUF DEM ARBEITSMARKT FÜR PSYCHOLOGISCHE TÄTIGKEITEN

Die derzeitigen Schwierigkeiten auf dem Arbeitsmarkt sind im wesentlichen durch zwei Faktoren bestimmt: Zum einen gibt es ein globales Defizit an Arbeitsplätzen, das in den nächsten Jahren voraussichtlich noch stark zunehmen wird; zum anderen haben als Folge der Bildungsexpansion die Anteile mit höheren Bildungsabschlüssen pro Altersjahrgang erheblich zugenommen. Beide Faktoren, deren Zustandekommen teilweise nicht unabhängig voneinander zu sehen ist, bewirken gravierende Veränderungen an den beiden wichtigen Schwellen zwischen Bildungs- und Beschäftigungssystem. Waren über einen langen Zeitraum die Übergänge von der Allgemeinbildung in die berufliche Bildung (Schwelle 1) und von dort in die Erwerbstätigkeit (Schwelle 2) durch klare Linien und Laufbahnerwartungen seitens der Betroffenen vorgezeichnet, so ist es seit wenigen Jahren nicht mehr so selbstverständlich, diese bislang großen und üblichen Wege in die Erwerbstätigkeit noch nehmen zu können.

Durch das veränderte Angebot-Nachfrage-Verhältnis erreichen Absolventen häufig nur noch die zweite oder dritte Wahl oder müssen sogar auf Alternativen ausweichen, die sie vorher noch gar nicht in Erwägung gezogen haben. Dabei zeigt sich, daß nicht nur Absolventen gleicher Bildungsabschlüsse miteinander um bestimmte Ausbildungs- bzw. Arbeitsplätze konkurrieren, sie müssen sich überdies gegen Absolventen mit anderen, häufig höheren Bildungsabschlüssen behaupten, durch die sie "verdrängt" zu werden drohen. Bisherige Domänen von

Personen mit bestimmter Ausbildung und Qualifikation werden durch andere Gruppen, die die Eintrittsvoraussetzungen nun zu ihren Gunsten verändern, in Frage gestellt; die Verdrängten suchen nach Auswegen und werden deshalb ihrerseits leicht zu Verdrängern.

Damit werden Wirkungsketten von einer Art erzeugt, die immer dann beobachtet werden können, wenn auf dem Arbeits- oder dem Ausbildungsstellenmarkt quantitative, qualitative oder regionale Diskrepanzen bestehen. Deren Milderung oder gar Ausgleich kann durch Prozesse erfolgen, die unter dem Begriff der Flexibilität zusammengefaßt werden und die sich zwei Kategorien zuordnen lassen (MERTENS 1968):

- Die Flexibilität der Erwerbstätigen. Wir nennen dies <u>berufliche Mobilität</u>; sie umfaßt z.B. die Mobilität hinsichtlich der beruflichen Tätigkeit, des beruflichen Status, des Beschäftigungsortes oder des Wirtschaftszweigs.

- Die Flexibilität der Beschäftiger bei der Besetzung eines Arbeitsplatzes. Wir nennen dies <u>berufliche Substitution</u>. Für einen bestimmten Arbeitsplatz können also verschiedene Personen in Betracht gezogen werden, die sich z.B. hinsichtlich der Ausbildungsfachrichtung und anderer arbeitsplatzrelevanter Merkmale (wie Alter, Persönlichkeitseigenschaften, Geschlecht, bisheriger beruflicher Werdegang) voneinander unterscheiden. Dies wird häufig so auch in Stellenangeboten zum Ausdruck gebracht.

Berufliche Substitution und berufliche Mobilität sind wichtige Wirkungsfaktoren des Arbeitsmarkts, durch die z.B. wirtschaftliches Wachstum und Strukturwandel erst ermöglicht wurden. Sie zeitigen "eine Fülle offener und verdeckter, erwünschter, aber auch unerwünschter, kostenaufwendiger und kostensparender Ergebnisse und Folgen" (KAISER 1977). Während einer wirtschaftlichen Hochphase mit einem globalen

Defizit an Arbeitskräften sind die Anstöße, Notwendigkeiten und Bedingungen für die Mobilität der Beschäftigten sowie für die Substitution bei der Besetzung von Arbeitsplätzen weitgehend ganz andere als die während einer wirtschaftlichen Rezession mit einem globalen Defizit an Arbeitsplätzen. Mobilität und Substitution sind deshalb für sich genommen weder gut noch schlecht, die Bewertung hängt von den jeweiligen Umständen und Interessen der Betroffenen oder von übergeordneten Zielen ab. Häufig ist die Art der Bewertung auch eine Frage des Zeitpunktes: Beschäftigungskrisen, die nur unter erheblichen Mobilitäts- und Substitutionsanstrengungen von verschiedenen Seiten bewältigt werden konnten, gewinnt man nachträglich gern auch "gute Seiten" ab. Man spricht dann z.B. von "schmerzlichen, aber notwendigen Anpassungen" oder "längst fälligen Veränderungen".

Verdrängung schließt sowohl berufliche Mobilität als auch Substitution ein. Da jedoch Verdrängungen erst durch die Rekrutierungsentscheidungen der Beschäftiger quasi festgeschrieben werden, wird die Verdrängungsproblematik von den (potentiell) betroffenen Erwerbspersonen vor allem unter dem Substitutionsaspekt thematisiert ("Welche Gruppe macht mir auf meinem beruflichen Feld zunehmend Konkurrenz? Welche Ausbildung wird bei Beschäftigern mehr und mehr beachtet?").

Analysen über Substitutionsbeziehungen erfordern Antworten zu folgenden Fragen: Welche inhaltliche Überdeckung besteht zwischen verschiedenen Ausbildungen? Wird eine Stelle, die früher mit einem Absolventen der Fachrichtung A besetzt war, jetzt von einem Absolventen der Fachrichtung B eingenommen? Könnten die Aufgaben, die jetzt von einem Vertreter der Fachrichtung A erledigt werden, auch von einem Absolventen der Fachrichtung B erledigt werden?

Werden Absolventen der Fachrichtung A durch Absolventen anderer Fachrichtungen verdrängt oder ersetzt, ist das vom

Standpunkt der Fachrichtung A passive Substitution. Vom Standpunkt der anderen, verdrängenden Fachrichtungen ist das aktive Substitution.

Die Ergebnisse des - im Gegensatz zur Mobilitätsforschung - noch recht jungen Zweigs "Substitutionsforschung" lassen sich nach KAISER (1975) für den akademischen Bereich so zusammenfassen:

Viele der tradierten, seit längerer Zeit im tertiären Bildungssystem eingeführten Studiengänge oder Ausbildungsfachrichtungen, wie Rechtswissenschaften, Wirtschaftswissenschaften, Chemie, Architektur weisen unterdurchschnittlich häufig Substitutionsbeziehungen zu anderen Fachrichtungen auf. Etwa 70 % der Stellen, die jetzt von Vertretern der genannten Fachrichtungen besetzt sind, waren auch davor mit einem Absolventen derselben Fachrichtung besetzt (sofern es Vorgänger auf der Stelle gab). Eine deutlich geringere Kontinuität hinsichtlich der Fachrichtung der Stelleninhaber zeigt sich bei Positionen, die jetzt z.B. von Politologen oder von Mathematikern besetzt sind: Nur in rd. 20 % bzw. 40 % war der Vorgänger ein Absolvent derselben Fachrichtung. Diese beiden Fachrichtungen haben somit in stärkerem Maße andere Fachrichtungen verdrängt (= hohe aktive Substitution). Leider ergibt sich aus den vorliegenden Untersuchungen kein Überblick, der das gesamte Fächerspektrum abdeckt.

Angaben, die für die Ermittlung der Substitutionsbeziehungen der Psychologie verwertet werden können, liefern AMELANG und TIEDEMANN (1971). Betrachtet man dabei nur diejenigen untersuchten Psychologen-Stellen, die nicht erst mit dem befragten Stelleninhaber eingerichtet worden sind, so ergibt sich, daß knapp 90 % davor auch schon von einem Psychologen besetzt waren. Gemessen an den anderen genannten Fachrichtungen zeichnet sich demnach die Fachrichtung Psychologie durch ein <u>extrem niedriges Maß an aktiver Substitution</u> aus, d.h. Psychologen haben nur in geringem Maße Absolventen anderer Fachrichtungen auf bestehenden Positionen abgelöst. Psychologen sind also kaum "Verdränger" auf dem akademischen Arbeitsmarkt.

Eine 100%ige Psychologen-Kontinuität zeigt sich in den Tätigkeitsbereichen Psychotherapie, berufliche Eignungsdiagnostik, Verkehrspsychologie, Wehrpsychologie. Die Tätigkeitsbereiche, in denen noch am häufigsten aktive Substitution vorkommt, sind: Human Engineering/Arbeits-, Betriebspsychologie, Psychologie an Fachschulen und Forschung an hochschulähnlichen Institutionen. Hier geben jeweils 20-25 % der befragten Psychologen an, daß ihr Vorgänger Absolvent einer anderen Fachrichtung war. Befragte der Restkategorie "sonstiger Tätigkeitsbereich" hatten zu rd. einem Drittel einen Nicht-Psychologen als Vorgänger.

Zur passiven Substitution ("Verdrängtwerden") liegen für den akademischen Bereich folgende Ergebnisse vor: Stellen, die vorher mit Physikern oder Biologen besetzt waren, werden in erheblichem Maße, nämlich zu etwa der Hälfte, daran anschließend von Absolventen anderer Fachrichtungen eingenommen. Demgegenüber werden Absolventen der Fachrichtungen Chemie, Wirtschaftswissenschaften oder Rechtswissenschaften nur in jeweils etwa 10 % aller Fälle durch Absolventen anderer Fachrichtungen abgelöst. Für Psychologen liegen keine entsprechenden Daten aus Erhebungen vor, jedoch deuten Einzelfall-Beobachtungen und andere qualitative Befunde darauf hin, daß zumindest bis 1975 die passive Substitution für Psychologen keine nennenswerte Größenordnung ausmachte.

Die Arbeitsgebiete für Psychologen scheinen somit bis vor kurzem ein relativ gut abgegrenztes Terrain gewesen zu sein, in das sich Absolventen anderer Fachrichtungen kaum begeben und das von Psychologen überwiegend auch nicht verlassen wird. (Von den untersuchten Fachrichtungen kann man ähnliches auch für die Chemie und für die Rechtswissenschaft sagen, wenn auch dort nicht in so extremer Form.)

Dieses Gesamtbild wird auch durch die Daten der letzten Volks- und Berufszählung (1970) bestätigt: Im Vergleich zu Absolventen anderer Fachrichtungen konzentrieren sich die Berufsangaben der Erwerbstätigen mit einem abgeschlossenen Hochschulstudium in Psychologie auf außerordentlich wenige Kategorien. Allein ein Drittel geben als ihren Beruf die nackte Bezeichnung "Psychologe" an.

Die Expansion bzw. Rezession einer Ausbildungsfachrichtung ist nicht nur an dem Ausmaß ihrer Substitutionsbeziehungen, sondern auch an der Zahl der Fälle ablesbar, in denen eine Stelle mit der Besetzung durch den Absolventen der betreffenden Fachrichtung <u>erstmals</u> eingerichtet wurde bzw. eine Stelle mit dem Weggang des Stelleninhabers aufgelöst wurde. Für <u>Rezessionen</u> im akademischen Bereich sind keine Überblicksdaten verfügbar. Zur <u>Expansion</u> liegen Daten für Absolventen der wirtschafts-, rechts- und sozialwissenschaftlichen Studiengänge vor (KAISER 1975, S. 207 f): Dort nimmt etwa jeder Dritte eine Stelle ein, die mit ihm überhaupt erst eingerichtet wurde. Unter Psychologen trifft dies nach AMELANG und TIEDEMANN für einen wesentlich größeren Anteil, nämlich für fast jeden zweiten Beschäftigten zu. Überdurchschnittlich hoch ist die Zahl der neugeschaffenen Stellen in den Tätigkeitsbereichen Beratungsfunktionen (Counseling), berufliche Eignungsdiagnostik, Schulpsychologie, Forschung an Hochschulen, Forschung an hochschulähnlichen Institutionen und in der Restkategorie "Sonstiges". Die Ausweitung der Beschäftigungsmöglichkeiten vollzog sich somit zum großen Teil in Tätigkeitsbereichen, aus denen, wie oben erwähnt, andere Fachrichtungen bisher nur relativ selten verdrängt worden sind.

Die bisher dargestellten Ergebnisse stimmen also dahingehend überein, daß Verdrängungsprobleme für die Fachrichtung Psychologie im Vergleich zu anderen Fachrichtungen nur eine geringe Rolle spielen - wenn man sie an den realisierten Substitutionsbeziehungen mißt. Geht dies nun darauf zurück, daß in den meisten Fällen tatsächlich keine alternativen Besetzungsmöglichkeiten gegeben waren; oder waren die Substitutionsspielräume zwar vorhanden, wurden aber nicht ausgeschöpft?

Nach der Übersicht von KAISER (1975, S. 210 f) zeigt sich über den akademischen Bereich insgesamt:

1. Für einen erheblichen Teil der Arbeitsplätze, die von Akademikern besetzt sind, werden Alternativen sowohl von den Beschäftigern als auch von den Stelleninhabern selbst genannt.
2. Für mindestens 70 % der Stellen, die zum Erhebungszeitpunkt mit Absolventen naturwissenschaftlicher, wirtschafts- und sozialwissenschaftlicher oder Ingenieurfachrichtungen besetzt waren, gaben die Beschäftiger Substitutionsmöglichkeiten, d.h. alternative Ausbildungsabschlüsse an.
3. Beschäftiger beurteilen die Einsatzmöglichkeiten für Absolventen einzelner Hochschulfachrichtungen durchweg flexibler, als es die Absolventen dieser Fachrichtungen selbst tun.

Gerade die letzte Feststellung trifft vermutlich auch für Psychologen zu. Die Befragten der Untersuchung von AMELANG und TIEDEMANN sagen zu etwa 70 %, daß ihre Stelle danach sehr wahrscheinlich wieder mit einem Psychologen besetzt werden würde. In den Tätigkeitsbereichen Erziehungsberatung, berufliche Eignungsdiagnostik, Schulpsychologie, Verkehrspsychologie und Wehrpsychologie äußerten sogar 90 % oder mehr der Befragten diese Annahme. Bei einer Analyse der Qualifikationsanforderungen in Stellenanzeigen, zeigte sich jedoch, daß unter den Stellen, die für Psychologen in Frage kamen, nur der geringere Teil (nämlich 20 %) ausschließlich auf Psychologen bezogen war (CHABERNY u.a. 1971). In allen anderen Fällen wurden neben Psychologen auch Absolventen anderer Fachrichtungen angesprochen, und zwar vor allem Soziologen und Wirtschaftswissenschaftler. Aber auch in einem Zuge mit den Rechtswissenschaften, der Politologie, der Pädagogik, der Mathematik und sogar mit technischen Ausbildungen wurde die Psychologie von Beschäftigern bei der Festlegung der Qualifikationsanforderungen für eine Stelle genannt. Die Tatsache, daß die Stellenanzeigen der Tageszeitungen die Struktur des Stellenangebotes für Psychologen nur verzerrt wiedergeben, läßt eine Verallgemeinerung dieser Daten nicht zu. Aber selbst, wenn man zum Vergleich nur diejenigen Tätigkeitsbereiche heranzieht, in denen nach AMELANG und TIEDEMANN noch am ehesten Substitutionsbeziehungen zu anderen Ausbildungsfachrichtungen bestehen, nämlich "Human Engineering/Arbeits-, Betriebspsychologie", "Forschung an hochschulähnlichen Institutionen", "Psychologie an Fachschulen" und die Kategorie "Sonstiges", so ist der Unterschied zwischen den Meinungen der Beschäftiger und denen der Psychologen über das Ausmaß der möglichen Substitutionsbeziehungen immer noch beträchtlich: In diesen Bereichen halten es auch noch 50 % der befragten Psychologen für sehr wahrscheinlich, daß ein Nachfolger auf ihrer Stelle wiederum ein Psychologe sein wird.

Aus der Analyse der Stellenanzeigen ergibt sich übrigens, daß die fachspezifische Quote (= Anteil der Stellenanzeigen ohne Nennung alternativer Fachrichtungen) für Psychologie im Vergleich zu den anderen Fachrichtungen sehr niedrig ist. Dies könnte so interpretiert werden, daß die Beschäftiger dem Studium der Psychologie ein höheres Maß an beruflich relevanter Vielseitigkeit beimessen als den meisten anderen Studiengängen. (Um über diese Fragen ein genaueres Bild zu gewinnen, wäre es sehr lohnenswert, die Reihe der Untersuchungen über Psychologen endlich um eine Erhebung zu ergänzen, in der mal nicht die Psychologen selbst, sondern deren (potentielle) Beschäftiger befragt werden.)

Daß Psychologen überwiegend in einem relativ gut abgrenzbaren Berufsbereich tätig sind, in dem die Frage von Substitutionsbeziehungen und damit das Problem der Verdrängung bedeutungslos ist - wie oben zunächst vermutet -, erscheint nach den zuletzt genannten Ergebnissen zweifelhaft.

Was sind die Ursachen, daß die Psychologen nicht aktiv den vermutlich weiten Substitutionsrahmen für sich genutzt haben? Aus der Beschäftigung mit vielen Einzelfällen, aus der Beobachtung der Schwierigkeiten, die Absolventen bei der Planung ihrer beruflichen Laufbahn noch während des Studiums und beim Eintritt in das Erwerbsleben haben, und aus Gesprächen mit Vorgesetzten glaube ich, daß die Möglichkeiten der <u>qualitativen</u> beruflichen Expansion u.a. aus folgenden Gründen nur wenig ausgeschöpft wurden:

1. In einer Zeit, in der wachsende Absolventenzahlen ohne Schwierigkeiten über Stellenmehrungen vor allem in traditionellen Tätigkeitsbereichen für Psychologen aufgefangen werden konnten, bestand überhaupt nicht die Notwendigkeit, in neue Bereiche einzudringen. Fachpolitische Bemühungen konzentrierten sich in erster Linie auf die <u>quantitative</u> Expansion.

2. Das im Studium erzeugte Selbstverständnis und die damit verbundenen Berufserwartungen sind vielfach defensiv oder gar resignativ. Hochschullehrer unseres Fachs weisen wesentlich häufiger auf die <u>Grenzen</u> als auf die <u>Möglichkeiten</u> der beruflichen Umsetzbarkeit von Studieninhalten hin. (In diesem Zusammenhang sind die Unterschiede, die Studienanfänger, Kandidaten und Hochschullehrer bei der Beschreibung der Tätigkeit des Psychologen machen, sehr aufschlußreich. Vgl. SATERDAG u.a. 1971.) Dieses Verhal-

ten mag aus pädagogischen Erwägungen für Anfangssemester angebracht sein, es wird jedoch fragwürdig, wenn damit ein Klima erzeugt wird, in dem sich eine auf das spätere Berufsleben bezogene Kreativität nur schwer entfalten kann.

3. Forschung und Lehre in Psychologie reichen zu wenig in andere Disziplinen hinein. Diese Abschottung hat dazu geführt, daß wichtige Entwicklungen im Arbeits- und Wirtschaftsleben gar nicht oder nicht differenziert genug wahrgenommen wurden. Die Kenntnis solcher Vorgänge ist aber die Voraussetzung, um in <u>neuen</u> Bereichen und für <u>neue</u> Problemstellungen psychologische Dienstleistungen anbieten zu können. Anzustreben wären vor allem intensivere Beziehungen zu den Rechtswissenschaften (z.B. Arbeits- und Sozialgesetzgebung), zu den Wirtschaftswissenschaften (z.B. Personalwirtschaft, Organisation) und den Ingenieurfachrichtungen (z.B. Produktionsgestaltung).

4. Viele Hochschullehrer in unserem Fach haben keine außeruniversitäre Berufserfahrung (Ferienjobs und Praktikantentätigkeiten seien dabei wegen ihres Ausnahmecharakters unberücksichtigt gelassen). Sie können deshalb ein großes und wichtiges Segment der sozialen Wirklichkeit meist nicht überzeugend in die Lehre einbringen oder versuchen es erst gar nicht. Für die Studenten ergeben sich dadurch wesentlich weniger Anregungen, um Vorstellungen über geeignete berufliche Umsetzungsmöglichkeiten der Studieninhalte entwickeln zu können.

Alle diese Faktoren tragen dazu bei, daß zwischen dem Studienfach Psychologie und der beruflichen Seite dieses Fachs über weite Strecken eine Art <u>Verlegenheitsverhältnis</u> vorherrscht. Nur einige traditionelle Berufsbereiche, insbesondere die Klinische Psychologie, sind "gut akademisch verankert". Es verwundert daher nicht, daß die meisten Absolventen nach Studienabschluß in entsprechende Berufe überwechseln wollen - darunter viele, die das Studium gar nicht mit dieser Zielsetzung begonnen haben. Denn nicht nur die im Studium erworbenen Kenntnisse, sondern auch die Einstellungen, die sich dabei herausgebildet haben, lassen sich dort am besten "hinüberretten" und bilden den Fundus, der für viele Psychologen die (fast) ausschließliche Quelle ihrer beruflichen Identität ist.

Der weitgehende Verzicht auf eine Berufspolitik der qualitativen Expansion bei gleichzeitigem Anstieg der Studentenzahlen über einen längeren Zeitraum hat sicher mit dazu beigetragen, daß sich die Beschäftigungschancen für Psychologen in den letzten Jahren so stark verschlechtert haben wie für kaum eine andere akademische Fachrichtung.

Während sich der Umfang der Arbeitslosigkeit von 1975 auf 1977 nur wenig verändert hat, ist die Zahl der Arbeitslosen mit Hochschulstudium von 1975 auf 1976 um 30 % und auf 1977 um weitere 20 % gestiegen. Die Zunahme an arbeitslosen Psychologen fiel noch drastischer aus: Von 1975 auf 1976 gab es einen Anstieg um 60 % und auf 1977 nochmals um 30 %. Die Zahl der arbeitslosen Psychologen hat sich also innerhalb von 2 Jahren nahezu verdoppelt; in der Strukturanalyse der Arbeitslosen vom September 1977 wurden genau 1000 arbeitslose Psychologen gezählt. Nimmt man an, daß es derzeit zwischen 10 000 und 17 000 Erwerbstätige mit einem abgeschlossenen Psychologiestudium gibt, so bedeutet dies eine Arbeitslosenquote von 6 bis 10 %. (Zum Vergleich: Die Arbeitslosenquote, bezogen auf alle erwerbstätigen Hochschulabsolventen betrug zum gleichen Zeitpunkt 2,4 %). Zwar beträgt die Dauer der Arbeitslosigkeit nur in wenigen Fällen mehr als ein Jahr, aber es ist eben nicht bekannt, welche Konzessionen für die Aufnahme einer Beschäftigung eingegangen werden müssen, in welchem Umfang als Notlösung ein Zweitstudium aufgenommen wird und wieviel Prozent in die sog. "Stille Reserve" zurückgehen.

Der Arbeitsmarkt dürfte für Psychologen aus zwei Gründen schwieriger geworden sein: 1. Eine quantitative Expansion, d.h. eine Vermehrung der Stellen wie Anfang der 70er Jahre findet kaum noch statt. 2. Die Beschäftigungsprobleme, die Absolventen anderer Fachrichtungen haben, führen dazu, daß u.a. auch Bereiche des bisher gut abgegrenzten Psychologen-Terrains nicht mehr unangetastet bleiben. Andere Fachrichtungen sind in den letzten Jahren stark psychologisiert worden, d.h. die Studienpläne enthalten zunehmend mehr Inhalte aus psychologischen Fächern, und auch die Interessenschwerpunkte der Studenten verlagern sich demgemäß. Aus der Sicht der Beschäftiger könnte der Psychologe u.U. nun nicht mehr der vorrangige Adressat sein, wenn es darum geht, einen Mitarbeiter für die Erledigung von Dienstleistungen zu rekrutieren, die in größerem Maße psychologische Kenntnisse voraussetzen. Denn möglicherweise verfügen z.B. auch einzelne Betriebswirte über diese Kenntnisse - wenn auch nicht in derselben Tiefe -, erworben durch ein entsprechend gezieltes Nebenfachstudium. Diese Betriebswirte wissen wahrscheinlich zusätzlich, wie die Aufgabenstellungen in ihrem Arbeitsgebiet (z.B. Personalwirtschaft) mit den übergeordneten organisatorischen/betrieblichen Zielsetzungen abzustimmen sind (z.B. Nutzwertanalysen). Ein dort beschäftigter Psychologe wird das in der Regel nicht einmal ansatzweise können.

Die Psychologen könnten aus solchen Entwicklungen die Konsequenz ziehen, sich für Nebenfachausbildungen in Psychologie nicht mehr zur Verfügung zu stellen, um sich nicht die Konkurrenz geradezu heranzuziehen. Oder man könnte sich entschließen, den Unterricht auf konkurrenzneutrale Bereiche zu beschränken, vielleicht auch mit dem Argument, daß gewisse Inhalte oder Fächer nur in "befugte" Hände gegeben werden dürfen.

Abgesehen davon, daß diese Monopolisierungsbemühungen schwerlich legitimiert werden könnten, wären solche Absichten praktisch auch gar nicht realisierbar. Eine Politik der Verweigerung oder der "Schutzzölle" könnte überdies die fachinternen Probleme nur momentan kaschieren, eine Lösung wäre das nicht.

Statt dessen sollten aus fachpolitischer Sicht die Bemühungen darauf gerichtet sein, die Nebenfachausbildung in Psychologie überall dort zu ermöglichen, wo sie nachgefragt wird. Die weitgehende Abschottung zu anderen Disziplinen wäre so leichter zu überwinden. Die intensiven und systematischen Kontakte mit Nicht-Psychologen sind m.E. am besten geeignet, Aufgabenstellungen und Zusammenhänge in Nachbarbereichen der Psychologie kennenzulernen, aus denen sich wichtige Anregungen für das Lehrangebot bzw. für die Schwerpunktsetzung in einzelnen Fächern des Psychologiestudiums ergeben können. Da Nicht-Psychologen ein Nebenfachstudium in Psychologie vor allem mit <u>berufsbezogenen</u> Zielsetzungen durchführen, gewinnen Psychologie-Dozenten durch die regelmäßige fachfremde Rückkoppelung einen guten Überblick über berufliche Anforderungsmuster in Grenz-/Überschneidungsbereichen zur Psychologie und über die Verwertbarkeit von Kombinationen psychologischer mit nicht-psychologischen Teilfächern auf dem Arbeitsmarkt. Diese Erkenntnisse können bei der Konzipierung von Studienplänen für Hauptfachstudenten außerordentlich wertvoll sein.

Auf einen zusätzlichen Aspekt muß noch hingewiesen werden: Die Beschäftigung mit dem Thema "Psychologie für Nicht-Psychologen" weist direkt auf dessen Umkehrung hin, nämlich "Nicht-Psychologie für Psychologen". Hierbei geht es zum einen um außerpsychologische Nebenfächer, vor allem im zweiten Studienabschnitt. Zum anderen sollte aber auch der akademische Unterricht in den psychologischen Kernfächern stärker als bisher auf Vorgänge und Sachverhalte aus <u>allen</u> wichtigen Lebensbereichen bezogen werden. Es ist geradezu dürftig, wenn die in den Lehrveranstaltungen behandelten Fragestellungen und Beispiele vorwiegend dem Bereich der Universität entnommen werden. Mit dieser Art von Lebensquerschnitt ist den Studenten, die an der Schwelle zur Erwerbstätigkeit stehen, kaum gedient.

LITERATUR

AMELANG, M. & TIEDEMANN, J. 1971. Psychologen im Beruf: I. Studienverlauf und Berufstätigkeit. PSYCHOLOGISCHE RUNDSCHAU 22, 151-186.

CHABERNY, A.; FENGER, H.; KAISER, M. 1971. Substitutionshinweise in Stellenangeboten. MITTEILUNGEN AUS DER ARBEITSMARKT- UND BERUFSFORSCHUNG, Heft 1, 81-120.

KAISER, M. 1975. Zur Flexibilität von Hochschulausbildungen. MITTEILUNGEN AUS DER ARBEITSMARKT- UND BERUFSFORSCHUNG, Heft 3, 203-221.

KAISER, M. 1977. Berufliche Flexibilität und Arbeitsmarkt. QUINTESSENZEN AUS DER ARBEITSMARKT- UND BERUFSFORSCHUNG, Heft 7. Nürnberg.

MERTENS, D. 1968. Empirische Grundlagen für die Analyse der beruflichen Flexibilität. MITTEILUNGEN DES INSTITUTS FÜR ARBEITSMARKT- UND BERUFSFORSCHUNG, Heft 5, 336-344.

SATERDAG, H.; APENBURG, E.; FISCH, R.; ORLIK, P. 1971. Die Selbstcharakterisierung des Faches Psychologie auf dem Hintergrund der klassischen fünf Wissenschaftsdisziplinen. PSYCHOLOGISCHE RUNDSCHAU 22, 103-113.

ELFRIEDE HÖHN

AUSBILDUNG IN PSYCHOLOGIE FÜR LEHRER

Die pädagogischen Beziehungen zwischen Lehrer und Schüler zählen sicher zu den bedeutendsten zwischenmenschlichen Kontakten mit langfristigen und manchmal lebenslauf-entscheidenden Konsequenzen. Daß sie damit auch ein Gegenstand der Psychologie sind und daß Lehrer daher eine psychologische Vorbildung haben sollten, ist auf diesem Sektor sehr früh, noch bevor es professionelle Psychologen gab, gesehen worden (etwa von HERBART), und ist, soweit ich sehe, heute unumstritten. Probleme bestehen dagegen in Hinsicht auf Inhalt, Umfang und - wie ich hinzufügen möchte - Methode dieser Ausbildung der Lehrer in Psychologie.

Ein anfänglich, auch an den pädagogischen Hochschulen, häufig gemachter Fehler war, daß Aufbau und Inhalt des psychologischen Studiums an Universitäten einfach in verkürzter Form zu kopieren versucht wurde, was z.B. dazu führte, daß hier wie dort mit Allgemeiner Psychologie begonnen wurde, die in ihrem Sinn und Zweck dem Lehrerstudenten schwer einsichtig ist. Die Inhalte einer Psychologie für Lehrer sollten selbstredend lehrer-spezifisch sein, d.h. jene Gebiete der Psychologie herausgreifen, die für die pädagogische Beziehung relevant sind. Ich glaube, daß diese Beschränkung selbst dann zu rechtfertigen ist, wenn die Systematik des Faches darunter leiden sollte. Der "Mut zur Lücke", der den Lehrern so oft für den Unterricht ihrer Schüler angeraten wird, sollte auch bei ihrem eigenen Psychologiestudium angewandt werden.

Ich möchte fünf Gruppen von Lerninhalten herausstellen, die mir für die psychologische Ausbildung von Lehrern unabdingbar zu sein scheinen. Die ersten drei sind nicht kontrovers; über die beiden letzten wird dagegen schwerlich Einigkeit bestehen.

Inhalte einer Psychologie für Lehrer sollten sein:

1. Informationen über den zu Erziehenden (educandum):

Dazu gehört:

a) Entwicklungspsychologie von Kindheit und Jugendalter und Sozialisation.
Als Probleme sehe ich hierbei:
- Der Aspekt der Sozialisation wird zur Zeit oft überbetont. Gerade der Lehrer sollte aber seine pädagogischen Möglichkeiten nicht illusionär überschätzen, um vor nachherigen Enttäuschungen bewahrt zu bleiben.
- Andererseits sollte er nicht glauben, daß die Beachtung entwicklungspsychologischer Gegebenheiten zu pädagogischer Resignation und Defaitismus führen müsse.

b) Gruppenbeziehungen unter Schülern als Teil der Sozialpsychologie. Besonderer Beliebtheit in Lehrerkreisen erfreut sich die Soziometrie, die auch ohne allzu großen mathematischen Aufwand sinnvoll angewandt werden kann. Dieser sozialpsychologische Aspekt ist beim Lehrer besonders wichtig, da viele Lehrer geneigt sind, ihren eigenen Einfluß zu <u>über</u>schätzen und den der Gruppe zu <u>unter</u>schätzen.

c) Kenntnisse über "Problemfälle" unter Schülern, d.h.

über Verhaltensstörungen und Behinderungen, die heute keineswegs nur für Sonderpädagogen wichtig sind.
Auch hierbei können zwei Probleme entstehen:

- Die Abgrenzung zur eigentlichen Sonderpädagogik. In der Regel genügt ein Überblick; Spezialkenntnisse sind nicht nötig und sollten auch nicht angestrebt werden.
- Die Abgrenzung zur klinischen Psychologie. Der Lehrer sollte sich nicht als Mini-Psychotherapeut fühlen.

2. Informationen über sich selbst als Erzieher

Dazu gehören Kenntnisse über

a) das Rollenverständnis des Lehrers;
b) eigene Vorurteile (z.B. gegenüber dem "schlechten Schüler");
c) der Erwerb eines realistischen Selbstbildes, d.h. das Wissen: wie wirke ich auf andere?
(Hilfreich dazu kann z.B. sein die von Th. GORDON geschilderte Methode der Lehrer-Schüler-Konferenz. Hamburg 1977.)

3. Informationen über den Lernprozeß

Dazu gehören

a) Lernvorgänge i. e. S.
Hier scheint mir das Problem zu liegen, daß oft eine zu starke Orientierung an der im Psychologiestudium üblichen Lernpsychologie allgemeiner Art erfolgt, daß z.B. verschiedene Lerntheorien sehr ausführlich behandelt werden, während die spezifischen Lernvorgänge des Unterrichts zu wenig Berücksichtigung erfahren.

b) Erziehungs- und Unterrichtsstile und ihre Auswirkungen.

c) Methoden der Konfliktlösung.
Auch hier besteht die Gefahr, daß sich der Lehrer als Therapeut mißversteht.
Umstritten ist, ob der Lehrer, und zwar jeder Lehrer, auch eine Ausbildung in Methoden der Verhaltensmodifikation erhalten sollte. Mir würde dies nützlich erscheinen.

4. Psychodiagnostische Kenntnisse

Daß der Lehrer sich psychodiagnostische Kenntnisse erwerben sollte, ist relativ unumstritten, solange es sich um Schultests zur Leistungskontrolle handelt. Weit eher Bedenken bestehen bei Intelligenztests und besonders bei Persönlichkeitstests. Die Gefahr liegt nicht nur in einer dilettantischen Anwendung und Auswertung der Tests, sondern vielleicht noch mehr in einer Überschätzung ihrer Aussagekraft.

5. Kenntnisse in empirischen Forschungsmethoden

Zwar wird die überwiegende Mehrzahl der Lehrer später nicht im strengen Sinne forschen. Sie sollten aber m.E. soviel Methodenkenntnis haben, um Informationen und Untersuchungsergebnisse kritisch verarbeiten zu können und damit nicht auf jede propagandistisch geschickt angepriesene pädagogische Neuerung unreflektiert hereinzufallen.

Wir machen in Mannheim gute Erfahrungen damit, daß viele der bei uns studierenden angehenden Diplomhandelslehrer im Rahmen ihrer Diplomarbeit wenigstens <u>einmal</u> an einem ernsthaften Forschungsprojekt mitarbeiten. Das erhöht außerordentlich ihre Motivation und erlaubt besser als alles andere den Transfer der mehr theoretisch erworbenen Kenntnisse auf empirische und praxisnahe Probleme.

Noch einiges zu den Methoden der psychologischen Ausbildung von Lehrern.

Neben den traditionellen Formen der Vorlesung und Übung (bzw. des Seminars) scheinen mir zwei spezifische Formen unerläßlich zu sein:

1. Unterrichtstraining mit Simulationsmethoden
   Dies gibt nicht nur Übungsmöglichkeiten in Fremd- und Selbstbeobachtung, sondern auch Gelegenheiten zur praktischen Erprobung lernpsychologischer Wissensinhalte und Möglichkeiten, praktische Konfliktlösung in Rollenspielen u.ä. zu erproben.

2. Ein psychologisch (und nicht nur pädagogisch) geleitetes und fundiertes Schulpraktikum, etwa in Verbindung mit der Ausarbeitung einer Fallgeschichte über einen Schüler, einer Gruppenanalyse, einer psychologischen Analyse und Begründung des didaktischen Vorgehens.

Schließlich scheinen mir drei Probleme ungelöst zu sein:

1. Funktion und Ausbildung des Beratungslehrers.

   Verhindert er nicht das Schaffen der dringend nötigen Stellen für voll ausgebildete Schulpsychologen? Ist er nicht überfordert, ja wird er nicht manchmal geradezu ausgebeutet, wenn seine Ausbildung und seine Tätigkeit neben seinem Lehrerberuf herlaufen sollen? Ist eine solche berufsbegleitende Ausbildung überhaupt effizient? Wieviel psychologisches Wissen soll und kann er sich erwerben? Welche diagnostischen und therapeutischen Verfahren sollte er erlernen?

2. Die psychologische Ausbildung der Gymnasiallehrer befriedigt in manchen Bundesländern keineswegs. Offenbar ist die Meinung nicht ausgestorben, es genüge hier, daß der Lehrer sein Fach gut verstehe; dann habe er keine pädago-

gischen oder psychologischen Probleme, zumindest nicht bei gut begabten Schülern. Man kann fast den Eindruck bekommen, die psychologische Ausbildung der Lehrer sei umgekehrt proportional zur Intelligenz ihrer Schüler, wenn man die wenigen Pflichtstunden psychologischer Ausbildung bei Gymnasiallehrern mit der gründlichen psychologischen Ausbildung von Sonderschullehrern für Lernbehinderte vergleicht!

3. Die Forschung im Gebiet der Pädagogischen Psychologie reicht längst nicht aus. Gerade pädagogische Vorgänge von zentraler Bedeutung (z.B. Weckung der Kreativität, Schaffung eines Vertrauensverhältnisses zwischen Lehrer und Schüler, Zuordnung von Lehrmethoden zu bestimmten Persönlichkeitseigenarten von Lehrer und Schülern) sind, da außerordentlich komplex, mit empirischen Methoden bisher noch kaum angegangen, geschweige denn erschöpfend untersucht worden. Dadurch liegt natürlich auch die theoretische Untermauerung vieler pädagogischer Praktiken im argen. Es müßte systematisch eine spezielle Unterrichtspsychologie entwickelt werden. Bisher ist leider WEINERT (in W. ARNHOLD (Hg.): Texte zur Schulpsychologie und Bildungsberatung, Bd. 2, Braunschweig 1977) voll zuzustimmen, wenn er sagt: "Für viele Ziele gibt es keine brauchbaren und anwendbaren wissenschaftlichen Theorien." Wo könnte dies mehr gelten als in der Pädagogischen Psychologie?

DISKUSSION IN DER ARBEITSGRUPPE "AUSBILDUNG IN PSYCHOLOGIE FÜR LEHRER"

Im Anschluß an das Referat von E. Höhn zu Fragen der Ausbildung in Psychologie für Lehrer standen folgende Probleme im Mittelpunkt der Diskussion:

1. Diskrepanz zwischen der Stoffülle und der Anzahl der Wochenstunden für das Fach Psychologie.

2. Vermittlung psychodiagnostischer Kenntnisse.

3. Stellenwert psychologischer Theorien in der Ausbildung (didaktische Fragen).

4. Methodische Fragen.

Grundlegend für die Diskussion war der allgemeine Konsens, daß psychologische Kenntnisse für den zukünftigen Lehrer notwendig seien, da sie zu einem besseren Verständnis von Lehr- und Lernbedingungen beitragen; ein Konsens bestand ferner darin, daß die Auswahl der Themen berufsfeldbezogen vorzunehmen sei.

ad 1. Es wurde übereinstimmend von mehreren in der Lehrerausbildung tätigen Diskussionsteilnehmern festgestellt, daß die Anzahl der Semesterwochenstunden für das Fach Psychologie an verschiedenen Hochschulen nicht eindeutig festgelegt sei, da es ein bestimmtes Stundenkontingent für Psychologie und Pädagogik gemeinsam (z.T. auch noch Soziologie) gebe. Diese Regelung führe mancherorts zu einem Konkurrenzverhältnis beider Disziplinen, das die Vermittlung selbst grundlegender Kenntnisse der Pädagogischen Psychologie erschwere.

ad 2. An die von E. Höhn aufgestellte Forderung, Lehrerstudenten sollten grundlegendes Wissen über Art und Aussagekraft gängiger Intelligenz- und Persönlichkeitstests im Rahmen psychodiagnostischer Seminare erwerben, schloß sich die Frage an, was dem Lehrer denn solche Kenntnisse nützen könnten. Höhn begründete ihre Forderung damit, daß das Wissen um die Möglichkeiten und Grenzen diagnostischer Methoden vorschnellen Urteilsbildungen über einzelne Schüler vorbeugen könne und es dem Lehrer ermögliche, diagnostische Aussagen von Fachleuten besser zu verstehen. Erfahrungsgemäß fänden Lehrer, die über solche Kenntnisse verfügten, auch eher den Weg zum Schulpsychologischen Dienst oder der Erziehungsberatung.

Im weiteren Verlauf dieser Diskussion wurde herausgestellt, daß der Lehrer im Rahmen seiner Unterrichts- und Erziehungsarbeit ohnehin fortgesetzt in irgendeiner Form - unter Verwendung subjektiver und impliziter Kriterien - diagnostisch tätig sei. Besonders eindeutig sei dies bei der Notengebung der Fall. Es sei deshalb vorzuziehen, dem zukünftigen Lehrer diese Tendenz zur kategorialen Urteilsbildung bewußt zu machen und ihm anhand von Intelligenz- und Persönlichkeitstests zu verdeutlichen, welche Möglichkeiten die Psychologie als Wissenschaft für die Objektivierung solcher Urteile bereithält.

Abschließend wurde betont, daß die Lehrerstudenten im Verlauf ihrer Psychologieausbildung in der Aufstellung und Durchführung lernzielorientierter Leistungstests unterwiesen werden sollten, da deren Verwendung für die Notengebung unmittelbar relevant sei.

ad 3. Hier wurde insbesondere die Frage gestellt, welche Bedeutung der Vermittlung psychologischer Theorien gegenüber der Vermittlung von Handlungsmustern für die Unterrichtspraxis zukomme.

Auf die Beziehung ihres Ansatzes zu den Überlegungen von Kraak angesprochen, in denen es vorrangig um die Entwicklung eines grundlegenden Theorieverständnisses geht, erläuterte E. Höhn, daß die Darbietung konkurrierender Theorien im Rahmen ihrer Systematik von Grundvariablen des pädagogischen Prozesses einen wichtigen Platz einnehme. Die Vermittlung von Erklärungsmodellen und deren Erläuterung an wenigen Beispielen sei besonders dort von Vorteil, wo insgesamt wenig Zeit für das Fach Psychologie verfügbar sei. Ein solches exemplarisches Vorgehen könne den zukünftigen Lehrer befähigen, später selbständig je einzelne Praxisfälle psychologisch zu erklären und aus dem Ergebnis dieser Erklärungen Konsequenzen für sein pädagogisches Handeln zu ziehen; es erfordere in jedem Fall die vereinfachte Darstellung einer gegebenen Theorie ebenso wie deren Auswahl nach Maßgabe der Problemstellungen in der zukünftigen Berufspraxis.

Insgesamt jedoch sollte die Vermittlung theoretischer Ansätze nicht im Vordergrund der Ausbildung stehen. Vielmehr müsse es vorrangig darum gehen, die Anwendung von Erklärungsmodellen auf praktisches Handeln einzuüben.

Eine ähnliche Fragestellung wurde im weiteren Verlauf der Diskussion noch einmal aufgenommen, als Feig nach dem Verhältnis der unter erheblichem Zeitdruck vorzunehmenden Auswahl von psychologischen Theorien gegenüber der Auswahl von empirischen Erkenntnissen fragte. Gibt es, mit anderen Worten, bestimmte "Fakten" in der Pädagogischen Psychologie, die ein jeder zukünftige Lehrer kennen sollte? Dieses didaktische Problem begründeter inhaltlicher Entscheidungen konnte, wie nicht anders zu erwarten, nicht gelöst werden. Jedoch schien sich als Ergebnis der Diskussion die Meinung abzuzeichnen, daß die Vermittlung grundlegender empirischer Gesetzmäßigkeiten als Faktenwissen neben die Vermittlung theoretischer Kenntnisse treten müßte.

ad 4. Breiten Raum nahm im Rahmen methodischer Überlegungen die Frage ein, ob es sinnvoll, d.h. langfristigen Lernprozessen förderlich sei, für die Lehrerstudenten das Wissensgebiet "Psychologie" zunächst so weit vorzustrukturieren, daß sie einen allgemeinen Bezugsrahmen verfügbar haben, in welchen sie anschließend spezielle Theorien bzw. Fakten einordnen können. Demgegenüber wurde die Alternative aufgezeigt, ausgehend von einer eingeschränkten Fragestellung auf einen großen Überblick zu verzichten und an die Stelle vorlesungsartiger Wissensvermittlung selbstaktivierende Methoden zu setzen. Das psychologische Wissen, das im Rahmen der Erarbeitung eines Partialproblems erworben wurde, müßte dann anschließend systematisch und kontinuierlich weiter ausgebaut werden.

Obwohl im Verlauf der Diskussion kein Konsens über die Präferenzierung einer eher deduktiven gegenüber einer eher induktiven Methode hergestellt wurde, zeichnete sich doch deutlich der Wunsch nach Strukturvorgaben ab.

Im selben Zusammenhang wurde die Frage zur Diskussion gestellt, in welcher Weise Lehrerstudenten für psychologische Inhalte zu motivieren seien und zu einem Verständnis psychologischer Erklärungsmodelle geführt werden könnten. Allgemein wurde die Ansicht vertreten, daß es sinnvoll sei, an den Erfahrungen der Studenten anzuknüpfen. Wie dieses im einzelnen zu geschehen habe, blieb jedoch weitgehend ein offenes Problem. Ausgehend von der Prämisse, daß in der Lehrerbildung Psychologie vorrangig mit dem Ziel zu lehren sei, für eine zukünftige (und damit weitgehend unbekannte) Berufspraxis zu qualifizieren, wurde zwischen Lehrerstudenten mit und solchen ohne praktische Unterrichtserfahrung unterschieden. Während Studenten, die bereits selbst in der Schule gearbeitet haben, über ein entsprechendes Problemverständnis verfügten, sei dies bei Studenten ohne Schulpraxis nicht vorauszusetzen. Bei diesen könne man lediglich auf ihre Studiensituation als Beispiel für einen pädagogischen Prozeß zurückgreifen in der Hoffnung, die so vermittelten Kenntnisse psychologischer Bedingungen des Lehrens und Lernens mögen auf die spätere Berufspraxis transferieren.

Sabine Kowal

SABINE LINDENLAUB

AUSBILDUNG IN PSYCHOLOGIE FÜR SOZIALE BERUFE: ZIELE, CURRICULARE KONSEQUENZEN UND PROBLEME EINES "PROBLEM-ORIENTIERTEN" UNTERRICHTS

A) Problem-orientierte Ausbildung: Ziele und curriculare Konsequenzen

Problem-orientierte Ausbildung in Psychologie, die ich - nach der zusammen mit KRAAK ausgearbeiteten Konzeption - seit einigen Jahren an einer Fachhochschule für Sozialwesen durchführe, ist ein Versuch, Psychologie so zu unterrichten, daß die folgenden Lernziele erreicht werden:

- Studenten lernen, zur Lösung welcher Probleme man in der Praxis (psychologische) Theorien verwenden kann, und wie man das macht.
- Studenten lernen eine Anzahl praxisrelevanter psychologischer Theorien kennen, d.h. solche, von denen angenommen werden kann, daß man sie in den Praxisfeldern, für die ausgebildet werden soll, zur Lösung vieler oder häufig vorkommender Probleme verwenden kann.

Andere Lernziele sind: Studenten wissen, wozu man in der Praxis diagnostische Informationen braucht, und unter welchen Voraussetzungen diagnostische Informationen als zutreffend beurteilt werden können. Und sie wissen, wie man vorgehen kann, um diagnostische Informationen zu gewinnen. (KRAAK 1976b) Die Vermittlung von Informationen, die zu diesen Lernzielen beitragen sollen, ist der zweite Schwerpunkt der problem-orientierten Ausbildung in Psychologie. Ich werde mich jedoch hier auf den Teil der Ausbildung beschränken, der die Vermittlung von Theorien und den Umgang mit ihnen zum Gegenstand hat.

Wenn man diese Ziele verfolgt, dann stellen sich für die

curriculare Planung die folgenden Fragen:

1. Anhand welcher Systematik bzw. Klassifikation von Praxisproblemen kann verdeutlicht werden, wozu man (psychologische) Theorien in der sozialberuflichen Praxis brauchen kann?
2. Welche Informationen und Aktivitäten sind erforderlich, damit Studenten lernen, Theorien zur Lösung von Praxisproblemen anzuwenden?
3. Welche Theorien können als praxisrelevant beurteilt werden, sollten also in der Ausbildung im Fach Psychologie behandelt werden?

Unsere Antwort auf die erste Frage lautet: Es ist zweckmäßig, Praxisprobleme als Ziel- und als Weg-Probleme zu klassifizieren, also als Nicht-Wissen, welche Veränderungen der Realität man für erstrebenswert halten, herbeiführen soll, und als Nicht-Wissen, was man tun, herstellen soll, um bestimmte angestrebte Veränderungen zu erreichen. Diese Klassifikation hat einmal den Vorteil, daß sie sich für alle Praxisfelder eignet, unabhängig davon, welche Personen, Personen-Kategorien, Gruppen oder Institutionen jeweils Adressaten sozialberuflicher Tätigkeiten sind. Vor allem aber ermöglicht sie es zu verdeutlichen, daß Theorien, also Aussagen über Ursache-Wirkungs-Zusammenhänge, insofern in der Praxis Hilfen darstellen, als sie entscheidungsrelevante Informationen enthalten, nämlich:

- Bei Ziel-Problemen Informationen darüber, welche Auswirkungen von bestimmten als Ziel erwogenen Veränderungen zu erwarten sind.
- Bei Weg-Problemen Informationen darüber, welche Bedingungen bzw. Maßnahmen dazu führen oder beitragen, daß bestimmte als Ziel beschlossene Veränderungen eintreten, und darüber, welche anderen Auswirkungen (Nebenwirkungen) von diesen Maßnahmen bzw. Bedingungen zu erwarten sind.

Die zweite Frage haben wir wie folgt beantwortet: Wenn Studenten lernen sollen, Theorien zur Lösung von Praxisproblemen zu verwenden, dann müssen sie (auch) in ihrer Psychologie-Ausbildung erfahren und üben, wie man das macht. Sie müssen also die folgenden Informationen erhalten:

- Wie man problemrelevante Theorien finden kann.
- Wie man beurteilt, ob eine Theorie eher als zutreffend oder eher als unzutreffend anzusehen ist.

  Denn wenn es Hinweise gibt, daß eine Theorie eher als falsch beurteilt werden sollte, dann sollte man nicht damit rechnen, daß die in ihr behaupteten Auswirkungen eintreten, wenn die in ihr genannten (als Ziel oder Weg erwogenen) Bedingungen gegeben sind. Dasselbe gilt für den Fall, daß es überhaupt keine Anhaltspunkte gibt, die für oder gegen die betreffene Theorie sprechen.
- Wie man die Enge des Zusammenhangs zwischen den in einer (als zutreffend beurteilten) Theorie genannten Bedingungen und Auswirkungen beurteilt.

  Denn solche Schätzungen braucht man, wenn man beurteilen will, mit welcher Wahrscheinlichkeit bzw. in welchem Ausmaß bestimmte Auswirkungen zu erwarten sind, wenn bestimmte (als Ziel oder Weg erwogene) Bedingungen hergestellt werden.

Wichtig ist außerdem, daß Studenten die Gelegenheit erhalten, diese verschiedenen Schritte des Problemlösens mit Hilfe von Theorien anhand von Beispielen denkbarer Ziel- oder Weg-Probleme zu üben.

Was die dritte Frage betrifft, also die Auswahl von Theorien für den Unterricht, so halten wir Theorien, mit denen Entscheidungen für Handlungen, also die Wahl von Handlungen erklärt werden können, für besonders praxisrelevant.

Entscheidungstheorien, wie sie von ATKINSON (1975), DULANY (1968), EDWARDS (1961), AJZEN & FISHBEIN (1973), ROTTER (1954), TOLMAN (1959), VROOM (1964) und anderen entwickelt wurden, werden häufig als Erwartungs-Wert-Theorien bezeichnet. Sie stimmen in den folgenden Annahmen überein: Die Entscheidung einer Person für oder gegen die Ausführung einer Handlung hängt von ihren mit dieser Handlung verknüpften Folgen-Erwartungen ab, genauer: sie hängt davon ab, wie die Person die Ereignisse bewertet, von denen sie annimmt, daß sie durch die Ausführung einer bestimmten Handlung wahrscheinlicher oder unwahrscheinlicher werden, und davon, wie groß sie die Veränderung der Eintretenswahrscheinlichkeit dieser Ereignisse durch die Ausführung der Handlung einschätzt. Diese Annahmen wurden bisher empirisch häufig bestätigt. Berichte über Ergebnisse empirischer Prüfungen finden sich z.B. bei MITCHELL & BIGLAN (1971), MITCHELL (1974), AJZEN & FISHBEIN (1973), VROOM (1964), WAHBA & HOUSE (1974), KRAAK & NORD-RÜDIGER (1978) und GÖTZ (1978).

Kenntnisse über Bedingungen für Handlungs-Entscheidungen können zur Lösung zahlreicher und verschiedenartigster Praxisprobleme herangezogen werden: Sie sind immer dann wichtig, wenn die Veränderung von Handlungstendenzen, also die Erhöhung oder Verringerung der Wahrscheinlichkeit, mit der bestimmte Menschen bestimmte Handlungen oder Klassen von Handlungen wählen - z.B. solidarische, innovative, aggressive oder Vermeidungs-Handlungen - Ziel sozialberuflicher Tätigkeiten ist. Und solche Kenntnisse sind auch dann wichtig, wenn angenommen werden kann, daß Ziele sozialberuflicher Tätigkeit wie Veränderungen gesellschaftlicher oder individueller Lebensbedingungen dadurch erreicht werden können, daß bestimmte Menschen bestimmte Handlungen häufiger oder seltener wählen, z.B. Neuerungen einzuführen oder an Weiterbildungsmaßnahmen teilzunehmen.

Weil solche Entscheidungstheorien in der Praxis so vielseitig anwendbar sind, halten wir es für berechtigt und für zweckmäßig, sie zur Auswahl weiterer Theorien zu verwenden, nämlich von Theorien über "mittelbare" Entscheidungsbedingungen. Theorien, die Bedingungen nennen, die die (in Entscheidungstheorien genannten) "unmittelbaren" Entscheidungsbedingungen determinieren, nehmen in unserem Unterrichtsprogramm einen wichtigen Platz ein.

Dazu gehören einmal Theorien, mit denen die Entstehung und Veränderung von Bewertungen, z.B. von Motiven, Bedürfnissen, Einstellungen, Zielen, erklärt werden können, also z.B. Theorien kognitiver Konsistenz oder Dissonanz sowie Verstärkungs- und Kontiguitätstheorien des Lernens, aber auch - für die

Erklärung individuell unterschiedlicher Bewertungen - Sozialisationstheorien. Dazu gehören weiter solche Theorien, mit denen man die folgenden Fragen beantworten kann: Wie entsteht (und ändert sich) die Erwartung einer Person, daß die Ausführung einer bestimmten Handlung die Eintretenswahrscheinlichkeit eines bestimmten Ereignisses verändert? Und wovon hängt es ab, ob eine Person die Veränderung der Eintretenswahrscheinlichkeit eines bestimmten Ereignisses als Folge dessen, daß sie eine bestimmte Handlung ausführt, als groß oder gering einschätzt? Man kann versuchen, diese Fragen z.B. mit Hilfe von Lern- und Attribuierungs-Theorien zu beantworten.

Schließlich gehören zu den Theorien über mittelbare Entscheidungsbedingungen auch solche Annahmen, mit denen man erklären kann, daß eine Person eine bestimmte Handlung wahrnimmt, daß sie ihr also in einer bestimmten Situation einfällt, und daß sie sich in der Lage sieht, eine wahrgenommene Handlung auszuführen, also etwa Verstärkungs-, Kontiguitäts- und Imitations-Theorien des Lernens sowie eventuell auch bestimmte "social-perception"-Hypothesen. Denn wir nehmen an, daß die Wahl einer Handlung nicht nur von den mit ihr verbundenen Folgenerwartungen abhängt, sondern auch davon, ob sie der betreffenden Person "subjektiv verfügbar" ist (KRAAK & LINDENLAUB 1974, KRAAK 1976a).

Entscheidungstheorien haben, abgesehen von ihrer Praxisrelevanz, noch einen weiteren Vorzug: In vielen Fällen kann man sie dazu verwenden, konkurrierende psychologische (oder sozialwissenschaftliche) Theorien im Hinblick auf Gemeinsamkeiten und Unterschiede zu vergleichen - indem man nämlich untersucht, welche Klassen von "unmittelbaren" Bedingungen für die Wahl einer Handlung in ihnen jeweils als entscheidend angesehen werden. Ein gutes Beispiel dafür sind Theorien über Bedingungen abweichenden Verhaltens: Mehrere dieser Theorien stimmen darin überein, daß sie fehlende Bewertungen ("Norm-Defizite", "Norm-Lücken") oder abweichende Bewertungen als Bedingungen nennen, z.B. Kontroll-Theorien, psychoanalytische und lerntheoretische Erklärungen der Gewissens-Entwicklung. Andere, z.B. die Theorien differentieller Assoziation bzw. Verstärkung, können als Annahmen aufgefaßt werden, in denen die Wahrscheinlichkeit, mit der eine Person abweichend handelt, als abhängig davon angesehen wird, wie groß sie den Einfluß solcher Handlungen auf das Eintreten positiv bewerteter Ereignisse im Vergleich zu norm-konformen Handlungen einschätzt. Wieder anderen Theorien ist gemeinsam, daß sie fehlende oder eingeschränkte Möglichkeiten einer Person, ihre Ziele auf legale Weise zu erreichen, als Bedingung für abweichendes Handeln nennen, z.B. Stigmatisierungs-Theorien, Anomie-Theorien.

B) Problem-orientierte Ausbildung: Probleme und Schwierigkeiten

Problem-orientierter Unterricht in Psychologie bringt nach meinen Erfahrungen einige nicht unerhebliche Probleme mit sich.

Die größte Schwierigkeit besteht darin, Informationen zu finden, die es Studenten ermöglichen, problemrelevante Theorien selbständig auszuwählen und zu beurteilen:

- Theorien sind, insbesondere in der für Studenten zugänglichen Literatur, selten so dargestellt, daß man erkennen könnte, was genau in ihnen behauptet wird. Statt dessen findet man vielfach Ausführungen, aus denen zu entnehmen ist, daß zwischen bestimmten, oft nicht näher präzisierten Sachverhalten irgendein Zusammenhang bestehen soll, über dessen Enge man nichts Genaueres erfährt. Das reicht oft nicht aus, um entscheiden zu können, ob eine Theorie überhaupt solche Informationen enthält, die für die Lösung eines bestimmten Problems wichtig sein könnten. Und es reicht auch nicht aus, um feststellen zu können - was Voraussetzung für die Theorie-Beurteilung ist -, welche Beobachtungen eine Theorie bestätigen würden, und welche mit ihr unvereinbar sind.
- Informationen über Häufigkeit und Stichhaltigkeit von bestätigenden oder nicht bestätigenden Beobachtungen für Theorien muß man sich nicht nur - sofern man überhaupt

welche findet - in der Regel an verschiedenen Orten der psychologischen Fachliteratur mehr oder weniger mühsam zusammensuchen, sondern man steht auch oft vor dem Problem, daß sie in einer für Nicht-Psychologen (und Nicht-Wissenschaftler) kaum verständlichen Weise dargestellt sind. Für noch unbefriedigender in dieser Hinsicht halte ich Publikationen, die sich ausdrücklich (auch) an Nicht-Psychologen wenden: Dort wird nach meinen Erfahrungen die Frage, was dafür oder dagegen spricht, daß bestimmte Theorien zutreffen, nicht selten überhaupt nicht oder aber in ziemlich willkürlicher Weise behandelt - indem nämlich mehr oder weniger pauschale Behauptungen aufgestellt werden, deren Berechtigung nicht oder unzureichend, z.B. durch herausgreifen <u>einzelner</u> empirischer Befunde, begründet wird.

Die genannten Mängel sozialwissenschaftlicher Literatur erschweren nicht nur die Realisierung einer problem-orientierten Ausbildung in Psychologie, sondern sie tragen auch dazu bei, daß Studenten den - nicht unberechtigten - Eindruck gewinnen, die Auswahl von Theorien, die als geeignet zur Lösung eines Praxisproblems beurteilt werden können, sei so schwierig, daß sie das ohnehin nicht leisten könnten. Deshalb halte ich es für besonders wichtig, daß Ergebnisse sozialwissenschaftlicher Forschung stärker "anwendungsorientiert" dargestellt und diskutiert werden, nämlich so, daß (auch) Nicht-Psychologen und Nicht-Wissenschaftler besser als bisher feststellen können, ob und unter welchen Voraussetzungen bestimmte Theorien zur Lösung welcher Praxisprobleme verwendet werden können. Das könnte einmal dadurch erreicht werden, daß Theorien grundsätzlich, und zwar auch und gerade in solchen Publikationen, die dem Nicht-Wissenschaftler zugänglich sind, so präzise wie möglich formuliert werden. Das könnte zum anderen dadurch erreicht werden, daß die Frage, welches Vertrauen man in bestimmte Theorien setzen kann, häufiger und ausführlicher diskutiert wird, insbesondere dann, wenn es sich um potentiell vielseitig anwendbare

Theorien handelt. Dabei sollte dann, wenn zu einer Theorie keine, wenige oder problematische Ergebnisse empirischer Prüfungen vorliegen, häufiger nach anderen relevanten Informationen gesucht werden: Möglicherweise stimmen die Aussagen der betreffenden Theorie mit denen einer anderen Theorie, deren empirische Bewährung leichter zu beurteilen ist, in so hohem Maße überein, daß es berechtigt erscheint, die für die Beurteilung dieser Theorie verfügbaren Informationen auch für die Beurteilung der ersteren zu verwenden. Oder es gibt empirische Befunde, deren Erhebung zwar einem anderen Zweck diente als dem der Prüfung einer zu beurteilenden Theorie, die aber dennoch zu ihrer Beurteilung herangezogen werden können.

Gerade von der zuletzt genannten Möglichkeit sollte man häufiger Gebrauch machen, etwa bei der Beurteilung psychoanalytischer Theorien, z.B. halte ich es für zweckmäßig, psychoanalytische Hypothesen über Auswirkungen "triebeinschränkender Erfahrungen" in der frühen Kindheit anhand von Ergebnissen aus "theorie-unspezifischen" Untersuchungen zur Sexualität oder zu abweichendem Verhalten zu beurteilen. In Frage kommen z.B.: Befunde über Zusammenhänge zwischen "repressiven" Sexualerfahrungen in der Kindheit und sexueller Befriedigung bei genitalen Sexualkontakten im Erwachsenenalter und der Häufigkeit "gestörten" Verhaltens im Erwachsenenalter. Solche Informationen zur Theoriebeurteilung zu verwenden, erscheint mir zweckmäßig, weil Befunde aus Untersuchungen, die eigens zum Zweck der Prüfung der genannten Hypothesen durchgeführt wurden, nicht nur relativ spärlich sind, sondern wegen der in ihnen gewählten Indikatoren oft auch problematisch.

Schließlich sollte der Leser dann, wenn eine Theorie geprüft wurde und aufgrund der Ergebnisse dieser Prüfungen als eher bestätigt beurteilt werden kann, möglichst auch etwas darüber erfahren, wie eng die gefundenen Zusammenhänge zwischen den in der Theorie genannten Sachverhalten bei den jeweils untersuchten Stichproben waren, und ob die Enge dieses Zusammenhangs bei Stichproben mit unterschiedlichen Merkmalen variierte. Solche Informationen ermöglichen nämlich unter Umständen Vermutungen über die zu erwartende Enge des betreffenden Zusammenhanges, z.B. zwischen repressionsarmer Erziehung und kindlicher Selbständigkeit, in den Fällen, um die es bei einer bestimmten Ziel- oder Weg-Entscheidung geht, z.B. bei Heimkindern, die aus sozial benachteiligten Schichten stammen. Sie sind also wichtig für eine genauere Einschätzung der Konsequenzen bestimmter Entscheidungen.

Ein zweites Problem problem-orientierten Unterrichts in Psychologie ist, daß er bei einer Reihe von Studenten auf Widerstände stößt. Auf Ablehnung stößt allein schon die Tatsache, daß Theorien grundsätzlich als Kausal-Aussagen dargestellt werden: Manche Studenten empfinden das als eine willkürliche, geradezu gewalttätige "Schematisierung", die zur Folge hat, daß das "Wesentliche" oder "Eigentliche" einer Theorie gewissermaßen auf der Strecke bleibt. (Ich vermute, daß diese Auffassung nicht selten das Resultat der Erfahrung ist, daß Theorien, wenn sie einigermaßen präzise und auf ihre wesentlichen Annahmen reduziert dargestellt werden, oft viel von der Faszination verlieren, die von ihnen ausgeht, solange man noch nichts Genaueres über sie weiß: "Das, diese paar Aussagen, soll die Psychoanalyse sein? Das kann nicht sein - Psychoanalyse ist "mehr", ist etwas anderes!") Ich hätte nicht gedacht, daß es so schwierig sein würde, begreiflich zu machen, daß man Theorien nicht in Aussagen "zwängt", sondern daß sie, weil sie Annahmen über Beziehungen zwischen Sachverhalten darstellen, präzise nicht anders als in Form von Aussagen dargestellt werden können.

Andere haben andere Probleme mit diesem "Theorie-Begriff": Sie bestehen darauf, daß es nicht möglich sei, mit Theorien "dieser Art" die "wahren", nämlich gesellschaftlichen Ursachen von Sachverhalten aufzudecken. Ich finde es ärgerlich und deprimierend, daß es mir häufig - trotz endloser Diskussionen - nicht gelingt, Studenten davon zu überzeugen, daß die logische Struktur theoretischer Aussagen nichts mit ihrem Inhalt zu tun hat, also Erklärungen mit "individuellen" Bedingungen weder vorschreibt noch nahelegt, und daß es darüberhinaus auch keinen zwingenden Grund für die Annahme gibt, nur gesellschaftliche Bedingungen könnten "wahre" (im Sinne von tatsächlichen) Bedingungen sein.

Auf Ablehnung aber stößt vor allem das Grundkonzept des problem-orientierten Unterrichts, nämlich: daß Praxisprobleme als Probleme der Wahl von Zielen und Wegen und wissenschaftliche Informationen als Entscheidungshilfen dargestellt werden, und die Auffassung, daß Studenten lernen sollten, wie man mit Hilfe solcher Informationen Entscheidungen trifft. Vermutlich können sich manche Studenten mit einer Ausbildung, die sich an diesen Vorstellungen orientiert, vor allem deshalb nicht anfreunden, weil sie ihnen in mehrfacher Hinsicht nicht die gewünschte Sicherheit gibt. Sie erfahren nämlich:

- Daß wissenschaftliche Informationen ihnen Entscheidungen für Ziele und Wege nicht etwa abnehmen, sondern daß sie ihnen "nur" ermöglichen, Entscheidungen besser zu begründen;
- daß man wissenschaftliche Informationen, weil sie - ebenso wie nicht-wissenschaftliche - unzutreffend und unzulänglich sein können, nicht unbesehen für die Auswahl von Zielen und Wegen verwenden sollte;
- daß auch bei gut begründeten, d.h. mit Hilfe wissenschaftlicher Informationen getroffenen Entscheidungen Erfolge beruflichen Handelns - also das Eintreten der erhofften Veränderungen und das Ausbleiben unerwünschter Veränderungen - aus verschiedenen Gründen nicht mit Sicherheit zu erwarten sind.

Dagegen wehren sie sich, denn sie meinen wohl, daß ihnen die Wissenschaft dann, wenn das alles zutreffen sollte, für ihre spätere berufliche Praxis "nichts bringen" könne. Dennoch wäre es meiner Meinung nach kein Ausweg, wenn man Studenten diese Erfahrungen in ihrer Ausbildung ersparen würde. Sondern man sollte immer wieder versuchen, sie von zweierlei zu überzeugen: Einmal davon, daß sie Sicherheit für die berufliche Praxis keineswegs nur dadurch gewinnen können, daß ihnen mitgeteilt wird, welche Ziele und Wege die "richtigen" seien, sondern mindestens ebenso gut auch dadurch, daß sie lernen, wie man prüfen kann, ob man bestimmte Ziele und Wege als richtig, d.h. als erstrebenswert bzw. als geeignet beurteilen soll. Und zum anderen davon, daß es sich lohnt, Ziele und Wege mit Hilfe wissenschaftlicher Informationen auszuwählen, weil man dadurch die Ungewißheit über Folgen von Entscheidungen und damit das Risiko, durch berufliches Handeln nicht (nur) die jeweils erhofften Veränderungen zu erreichen, soweit verringern kann, wie das zum Zeitpunkt einer Entscheidung möglich ist. Wenn diese Ansichten innerhalb und außerhalb von Hochschulen stärker als bisher vertreten würden, dann wäre problem-orientierter Unterricht sicherlich nicht nur leichter, sondern auch mit größerer Zufriedenheit bei allen Beteiligten zu realisieren.

LITERATUR

AJZEN, J. & FISHBEIN, M. 1973. Attitudinal and normative variables as predictors of specific behaviors. JOURNAL OF PERSONALITY AND SOCIAL PSYCHOLOGY 27, 41-57.

ATKINSON, J.W. 1975. Einführung in die Motivationsforschung, 391-431. Stuttgart: Klett.

DULANY, D.E. 1968. Awareness, rules and propositional control: A confrontation with S-R behavior theory. In: HORTON, D. & DIXON, T. (Eds.) Verbal behavior and general behavior theory. Englewood Cliffs, New Jersey: Prentice-Hall.

EDWARDS, W. 1961. Behavioral decision theory. ANNUAL REVIEW OF PSYCHOLOGY 12, 473-498.

GÖTZ, W. 1978. Einstellungs- und Verhaltensänderung durch Unterricht. Eine Untersuchung über den Einfluß alternativer Unterrichtsprogramme auf das pädagogische Verhalten von Erziehern. Weinheim: Beltz.

KRAAK, B. 1976a. Handlungs-Entscheidungs-Theorien. Anwendungsmöglichkeiten und Verbesserungsvorschläge. PSYCHOLOGISCHE BEITRÄGE 18, 505-515.

KRAAK, B. 1976b. Strategien diagnostischer Urteilsbildung. SOZIALPÄDAGOGIK 18, 121-128.

KRAAK, B. & LINDENLAUB, S. 1974. Entwurf einer Handlungs-Entscheidungs-Theorie. MITTEILUNGEN UND NACHRICHTEN des Deutschen Instituts für Internationale Pädagogische Forschung Frankfurt am Main, Nr. 75/76, 93-105.

KRAAK, B. & NORD-RÜDIGER, D. 1978. Bedingungen innovativen Handelns. Eine psychologische Untersuchung an Lehrern von Schulen und Hochschulen. Weinheim: Beltz.

MITCHELL, T.R. 1974. Expectancy models of job satisfaction, occupational preference and effort: A theoretical, methodological, and empirical appraisal. PSYCHOLOGICAL BULLETIN 81, 1053-1077.

MITCHELL, T.R. & BIGLAN, A. 1971. Instrumentality theories: Current uses in psychology. PSYCHOLOGICAL BULLETIN 76, 432-454.

ROTTER, J.B. 1954. Social learning and clinical psychology. New York: Prentice-Hall.

TOLMAN, E.C. 1959. Principles of purposive behavior. In: KOCH, S. (Ed.) Psychology: A study of science, Vol. 2.

VROOM, V.H. 1964. Work and motivation. New York: Wiley.

WAHBA, A.M. & HOUSE, R.J. 1974. Expectancy theory in work and motivation: Some logical and methodological issues. HUMAN RELATIONS 27, 121-174.

DISKUSSION IN DER ARBEITSGRUPPE "AUSBILDUNG IN PSYCHOLOGIE FÜR SOZIALE BERUFE"

In ihrem Referat mit dem Titel "Ausbildung in Psychologie für soziale Berufe: Ziele, curriculare Konsequenzen und Probleme eines "problem-orientierten" Unterrichts", das die Diskussion in der Arbeitsgruppe einleitete, hatte LINDENLAUB empfohlen, psychologische Theorien für den Unterricht danach auszuwählen, ob angenommen werden kann, daß sie geeignet sind zur Lösung häufiger und bedeutsamer Praxisprobleme. Zu dieser Empfehlung wurde die Frage gestellt, ob es nicht bestimmte psychologische <u>Grundkenntnisse</u> gäbe, die in jedem Falle vermittelt werden müßten. Erläuternd wurde hinzugefügt, daß es doch psychologische "Tatsachen" und "empirische Gesetzmäßigkeiten" gäbe, die zu kennen notwendig sei. Daraufhin wurde zunächst geklärt, daß der von LINDENLAUB verwendete Theoriebegriff auch das umfaßt, was als psychologische Tatsache oder empirische Gesetzmäßigkeiten bezeichnet werden kann. Denn auch bei dem, was mit Tatsachen und Gesetzmäßigkeiten gemeint ist, handelt es sich um Annahmen, und zwar um Annahmen über Ursache-Wirkungs-Zusammenhänge. Sie behalten den Charakter von Annahmen selbst dann, wenn zahlreiche empirische Befunde für sie sprechen.

Diskutiert wurde, ob Entwicklungspsychologie zu den Grundkenntnissen gehört, die z.B. jeder pädagogisch Tätige braucht. Erarbeitet wurde die Auffassung, daß entwicklungspsychologische Theorien dann nützlich für pädagogisch Tätige sind, wenn sie die folgenden Voraussetzungen erfüllen:

- Es kann aufgrund empirischer Daten angenommen werden, daß diese Theorien zutreffen.
- Die Theorien nennen Verhaltensweisen, deren Beeinflussung ein häufiges Ziel pädagogischen Handelns ist.
- Die Theorien nennen Verhaltensweisen, die Indikatoren

für einen gestörten Entwicklungsverlauf sind, wenn sie in einem bestimmten Lebensalter noch nicht oder immer noch auftreten.

Zu der Überlegung, ob es nicht wichtig wäre, altersbedingte Bedürfnisse zu kennen, wurde erörtert, ob nicht tatsächlich alle oder die meisten wichtigen Bedürfnisse altersunabhängig wären, wobei nur die Form, in der sie sich äußern, mit dem Alter variiert, oder auch die Mittel zu ihrer Befriedigung. Als Beispiele wurden genannt: Bedürfnisse nach Kontakt, nach Geliebt-Werden, nach Anerkennung, nach Umweltbeherrschung, nach Erfolg, nach Sicherheit.

Die Diskussion der Anwendungsmöglichkeiten von Handlungstheorien, die zur Klasse der Erwartungs-Wert-Theorien gehören, bestätigte die These von LINDENLAUB, daß zahlreiche Probleme, die sich in sozialen und pädagogischen Berufen stellen, durch die Anwendung solcher Theorien gelöst werden können, nämlich Probleme der folgenden Art:
- Erklärungsprobleme: Warum verhalten sich bestimmte Menschen so, wie sie es tun?
- Wegprobleme: Wie kann erreicht werden, daß bestimmte Kinder, Jugendliche, Erwachsene, alte Menschen bestimmte Verhaltensweisen wählen und andere unterlassen?

Im weiteren Verlauf der Diskussion wurde deutlich, daß es nicht nur auf die Auswahl geeigneter Informationen ankommt, sondern auch darauf, daß die Studierenden lernen zu erkennen, welche wissenschaftliche Informationen sie jeweils brauchen und wie sie sie anwenden können: Studierende sollten Strategien kennenlernen, die es ihnen ermöglichen, systematisch Probleme zu lösen und Entscheidungen vorzubereiten und zu treffen. Studierende sollten solche Strategien nicht nur kennenlernen, sondern auch üben, mit ihnen zu arbeiten. Ohne die Beherrschung solcher Strategien erwerben Studierende zwar

Informationen, unter Umständen umfangreiche psychologische Kenntnisse, ohne daß sie in der Lage sind, diese Kenntnisse sinnvoll einzusetzen, um damit ihre Praxisprobleme zu lösen und die erforderlichen Handlungsentscheidungen zu treffen.

Allerdings können Lehrkräfte, die solche Entscheidungsstrategien vermitteln wollen, dabei die Erfahrung machen, daß manche Studierende geringe Bereitschaft zeigen, sich mit den Strategien auseinanderzusetzen und sie sich anzueignen. In der Diskussion wurde die Vermutung geäußert, daß solche Studierende im Grunde keine Entscheidungshilfen sondern Handlungsanweisungen wünschen. Sie wollen vermutlich nicht erfahren, wie sie selbständig überlegt und systematisch Handlungen wählen können, sondern wollen erfahren, welche Handlungen die richtigen sind.

Eine ähnliche Problematik ergibt sich aus dem an manchen Studierenden beobachteten Bedürfnis nach Gewißheit. Manche Studierende wünschen anscheinend Informationen, auf die sie sich vorbehaltlos verlassen können. Es wurde in diesem Zusammenhang von einem Bedürfnis nach "Religion" gesprochen. Ein solches Bedürfnis könnte sich auch in der von Studierenden gelegentlich geäußerten Auffassung ausdrücken: um handlungsfähig zu sein, sei unbedingte Gewißheit notwendig über "Tatsachen" und über "wahre Ursachen", vor allem gesellschaftlicher Verhältnisse. Ebenso müsse man mit Sicherheit wissen, welche Auswirkungen bestimmte Handlungen und Maßnahmen haben würden. Bei der Diskussion solcher Erfahrungen mit Studenten vertraten Arbeitsgruppenmitglieder die Auffassung, daß es nicht wünschenswert wäre, dem genannten Bedürfnis nach Gewißheit zu entsprechen. Sie meinten, Studierende sollten statt dessen lernen zu akzeptieren, daß wissenschaftliche Aussagen nie mit absoluter Sicherheit gemacht werden können. Gleichzeitig soll den Studierenden die Einsicht vermittelt werden, daß es möglich ist, Handlungsentscheidungen zu treffen aufgrund von Wahrscheinlichkeitsannahmen und auch aufgrund unvollständiger Informationen, z.B. unvollständig im Hinblick auf die empirische Bewährung einer Theorie.

Für Lehrende, die problem-orientiert unterrichten wollen, ergeben sich Schwierigkeiten bei der Beschaffung geeigneter Informationen. Das war von LINDENLAUB in ihrem Referat erwähnt worden. Das wurde mit Nachdruck von der Arbeitsgruppe im Hinblick auf die folgenden Punkte bestätigt:

- Die wissenschaftliche Literatur ist oft unpräzise in der Formulierung von Theorien. Oft ist nicht klar zu erkennen, welche Variablen als Bedingungen und welche als Auswirkungen aufgefaßt werden.
- Erst recht ist oft nicht zu erkennen, welche Dichte des kausalen Zusammenhanges angenommen wird, in welchem Ausmaße z.B. das Vorliegen einer Bedingung die Wahrscheinlichkeit des Eintretens der Auswirkung erhöht.
- Informationen zur Theoriebeurteilung werden oft lückenhaft gegeben. Es ist dem Leser, sowohl Lehrenden sowie Studierenden, schwer möglich, sich ein eigenes Urteil darüber zu bilden, ob Ergebnisse empirischer Untersuchungen zu theoretischen Annahmen in Widerspruch stehen oder nicht.

Da diese Schwierigkeiten als besonders groß und hinderlich empfunden werden, wurde von der Arbeitsgruppe vorgeschlagen, daß die Leitung der Sektion Ausbildung in Psychologie etwas unternehmen solle mit dem Ziel, daß mehr wissenschaftliche Literatur publiziert wird, die wissenschaftliche Korrektheit und Präzision kombiniert mit Verständlichkeit und Klarheit.

Bernhard Kraak

EIBE-RUDOLF REY

AUSBILDUNG IN PSYCHOLOGIE FÜR ÄRZTE: PSYCHOLOGISCHE ANFORDERUNGEN DER MEDIZINISCHEN KLINIK

Mit der Einführung der neuen Approbationsordnung für Ärzte im Jahre 1970 wurde auch das Pflichtfach "Medizinische Psychologie" für die vorklinischen Semester eingeführt. Ein Ziel des Faches ist es, wie es FERCHLAND-MALZAHN und WILDGRUBE im folgenden Beitrag darstellen, den Arzt "auf die psychologischen Anforderungen in der ärztlichen Tätigkeit" vorzubereiten.

Der Begriff "Psychologie" umfaßt das Gesamtgebiet der Psychologie. Es erhebt sich die Frage, ob eine Ausbildung in der Vorklinik im gesamten Fachgebiet "Psychologie" den zukünftigen Arzt auf seine täglichen Aufgaben in der Berufspraxis genügend vorbereitet. Um diese Frage beantworten zu können, ist es notwendig, die psychologischen Probleme und Fragestellungen, mit denen der Arzt konfrontiert werden kann, genau zu beschreiben. Erst dann kann man abwägen, welche Teilbereiche der Psychologie in einer Ausbildung unbedingt vermittelt werden müssen und welche Teilbereiche vernachlässigt werden könnten (vgl. FERCHLAND-MALZAHN und WILDGRUBE).

Auch der Begriff "Ausbildung" birgt eine Vielzahl offener Fragen in sich. So muß der Zeitpunkt einer effektiven Ausbildung geklärt werden und man wird sich Gedanken machen müssen über die wirksamste Form der Ausbildung. Eine Klärung dieser Punkte ist wiederum abhängig von den konkreten psychologischen Fragestellungen, die der Arzt oder die Krankenschwester in ihrer täglichen Berufssituation lösen müssen (vgl. FERCHLAND-MALZAHN und WILDGRUBE).

Körperliche Erkrankungen und seelische Störungen und Leiden sind viel häufiger verschwistert, als man gemeinhin denkt. Epidemiologische Erhebungen zeigen beispielsweise, daß in Wohngebieten mit hohen Raten von Carcinom- und Herz-Kreislauferkrankungen auch eine hohe Morbidität an schweren psychischen Leiden zu finden ist. Selbst in Familienuntersuchungen ließ sich eine positive Korrelation zwischen körperlicher und seelischer Erkrankungshäufigkeit nachweisen. Dabei kann ein seelisches Leiden Auslöser und Ursache für eine körperliche Erkrankung sein, wie das von der Vielzahl psychosomatischer Erkrankungen angenommen wird, oder eine schwere körperliche Erkrankung kann Auswirkungen auf das seelische Gleichgewicht haben. Der erstgenannte Problembereich gehört in das Aufgabenfeld der Klinischen Psychologie, der psychosomatischen Medizin oder der Psychiatrie, eine Betrachtung der Ausbildung in diesen Teilbereichen der Heilberufe ist nicht Gegenstand dieses Beitrages.

1.1 Psychologische Fragestellungen im Krankenhaus

Jeder Arzt muß nach der neuen Approbationsordnung einige Jahre in einem Krankenhaus tätig sein, bevor er sich in einer Praxis niederlassen darf. Es ist inzwischen bekannt, daß in einem Allgemeinen Krankenhaus erheblich mehr seelische Krankheitsformen von leichten bis schweren Ausmaßen zu finden sind, als man früher angenommen hat. Über diese Tatsache und über die dazugehörigen Ursachenzusammenhänge bestehen bei vielen Ärzten Unkenntnis. Deshalb sollen einige Erscheinungsformen psychischer Störungen als Folge körperlicher Erkrankung kurz beschrieben werden.

Am besten bekannt sind die sog. "exogenen Psychosen". Es handelt sich hierbei um flüchtige Phasen von Desorientiertheit, wahnhafter Personenverkennung und vor allem nachts auftretenden Unruhezuständen. Solche Psychosen treten vor allem bei Stoffwechselentgleisungen, z.B. bei Diabetis oder Hepatitis, bei Durchblutungsdysregulationen des Gehirns, bevorzugt bei älteren Menschen mit Blutdruckschwankungen, bei akuten Schädelhirntraumen oder bei Medikamentensüchtigen auf. So kann beispielsweise ein Patient, der wegen eines komplizierten Beinbruchs operiert werden mußte, in eine exogene Psychose hineingeraten, da das plötzliche Absetzen von gewohnten Medikamenten wie Schlafmittel ein Entzugssyndrom verursacht. Der Arzt muß solche psychotischen Zustandsbilder erkennen können, denn er muß am Krankenbett sofort Präventivmaßnahmen ergreifen, bzw. die Schwere einer solchen Störung soweit beurteilen können, daß er einen Fachmann zu Rate zieht.

Die exogenen Psychosen, so dramatisch sie auch im Einzelfall verlaufen mögen, sind weniger häufig als andere psychisch abnorme Reaktionen. So ist kaum bekannt und den wenigsten überhaupt bewußt, welche hohe Anpassungsleistung ein körperlich Kranker bei seinem Eintritt in die moderne Krankenhauswelt bewältigen muß. Der Patient wird durch die Krankenhausaufnahme aus seinem gewohnten sozialen Milieu herausgerissen, was er zunächst einmal verkraften muß. Hinzu kommt, daß jede körperliche Erkrankung eine Streßbelastung darstellt und daß die Streßbelastung durch die Todesdrohung, z.B. bei einem Herzinfarkt oder durch ein verändertes Körperschema nach einer verstümmelnden Operation, wie z.B. einer Bein-Amputation oder einer Uterusextirpation, nicht gering sein dürfte. In solchen Situationen kann ein Patient nicht nur offene Angstreaktionen oder eine gesteigerte Schmerzbereitschaft empfinden, sondern auch die Nahrung oder Medikamenteneinnahme verweigern und feindseliges Verhalten gegen Pflegepersonal oder selbstdestruktive Einstellungen zeigen.

Besonders häufig treten, wie neuere Untersuchungen zeigen und von BÖKER (1979) zusammengetragen wurde, psychische Komplikationen auf Intensivpflegestationen auf. Die Häufigkeit solcher Komplikationen wird auf 30-70% geschätzt. Ein normal gesunder Erwachsener kann Streßfaktoren im alltäglichen Leben draußen durch vermehrte Aktivität, nämlich durch Strategien zielstrebiger Problemlösungen in Eigeninitiative, bewältigen. Auf einer Intensivstation ist er jedoch absolut passiv den Maschinen und dem sie bedienenden Personal ausgeliefert. Hinzu kommt eine absolute Monotonie der Sinnesreize, einer "Camera silens" vergleichbar. Es ist bekannt, daß Reizarmut zu Schlafstörungen, Wahnvorstellungen und sogar zu Halluzinationen führen kann. Wer hilft dem Patienten, sich mit der neuen, veränderten Situation auseinanderzusetzen, sie zu bewältigen?

Es ist nicht notwendig, zusätzlich an dieser Stelle auf die Erwartungsängste eines Patienten vor einer Narkose oder einem so natürlichen Vorgang wie einer Geburt ausführlich einzugehen.

Aber nicht nur die abnormen psychischen Reaktionen der Patienten müssen erkannt und rasch und adäquat behandelt werden, sondern es ist einsichtig, daß auch die Ärzte und das Pflegepersonal selbst abnorme psychische Reaktionen ausbilden, vor allem unter der großen Belastung bei ihrer Tätigkeit auf einer Intensivstation. Der Umgang mit körperlich Schwerkranken oder unheilbaren Patienten mag zu einer Abstumpfung, einer übergroßen emotionalen Distanz, als Schutzfunktion vor der Einsicht, nicht helfen und heilen zu können, führen. Dadurch leidet wiederum die Kommunikation zwischen Arzt und Patient, z.B. das Informationsbedürfnis und der Wunsch nach Aufklärung des Patienten über seinen eigenen Zustand, die Information über notwendige diagnostische und therapeutische Maßnahmen, wenigstens in groben Zügen. Viel mißtrauisches, störrisches oder querulatorisches Verhalten der Patienten ließe sich durch eine kooperationsfördernde Einstellung der Ärzte vermeiden.

Bei den hier zuletzt angesprochenen psychologischen Problemen handelt es sich nicht um exogene Psychosen, sondern um funktionelle neurotische Störungen oder aktuelle Lebenskrisen, deren Beseitigung bzw. adäquate psychologische Behandlung einmal den Verbrauch von Analgetika und Beruhigungsmitteln drastisch senken dürfte und zum anderen in der Regel zu einer rascheren Entlassung und weniger Komplikationen während des Heilungsprozesses führen dürfte. In einer noch nicht veröffentlichten Untersuchung haben BERLIN, PFEIFER und REY festgestellt, daß die Menge der verlangten bzw. verbrauchten Analgetika 36 Stunden nach einer Operation in einem statistisch signifikanten positiven Zusammenhang steht mit dem Ausmaß der Angst vor der Operation und vor der Narkose bei Patienten ausschließlich mit komplizierteren Knochenbrüchen der Extremitäten.

1.2 Psychologische Fragestellungen in der Allgemeinpraxis

Eine äußerst wichtige Rolle bei der psychologischen Betreuung und Beratung körperlich Kranker spielt der praktische Arzt, zu dem der Patient nach seiner Entlassung aus dem Krankenhaus überwiesen wird. Er muß sich mit der gewöhnlich keineswegs abgeschlossenen psychologischen Verarbeitung des erlebten Krankenhausaufenthaltes und der durchgestandenen Krankheit in irgendeiner Weise auseinandersetzen. Hier könnte manche Beruhigungs- oder Schlaftablette gespart werden, wenn der Arzt ein offenes Ohr für die Sorgen, Probleme und Nöte der Patienten hätte. Dazu braucht er nicht die Spezialkenntnisse eines Psychotherapeuten, er muß aber soweit geschult und informiert sein, daß er mit verständnisvoller Gesprächsführung die psychischen Leiden lindern kann.

Der niedergelassene Arzt für Allgemeinmedizin muß jedoch noch einen anderen Problemkomplex bewältigen können. Nach

Untersuchungen von COOPER und ZINTL-WIEGAND (1978) schwankt der Prozentsatz von Patienten, die eine Allgemeinpraxis aufsuchen, aber eigentlich einer psychotherapeutischen Behandlung bedürften, zwischen 15 und 30%. Auch bei dieser Patientenpopulation sind, wie die genannten Untersuchungen zeigen, die psychologischen Grundkenntnisse des Arztes ungenügend, um sie richtig diagnostizieren und eine Indikation für eine Weiterbehandlung stellen zu können bzw. eine Weiterbehandlung selbst durchführen zu können.

Aus dem bisher Gesagten ergeben sich für den Arzt vier psychologische Problembereiche, in denen er über fundierte Grundkenntnisse verfügen sollte und die im folgenden noch einmal kurz zusammengefaßt sind:

1. Der Krankenhausarzt muß exogene Psychosen erkennen und erste Behandlungsmaßnahmen einleiten können.
2. Der Krankenhausarzt muß abnorme psychische Reaktionen von Patienten auf die Streßbelastung durch ihre körperliche Erkrankung oder durch die Krankenhaussituation diagnostizieren und erste therapeutische Maßnahmen ergreifen können.
3. Der Krankenhausarzt muß die Fähigkeit erwerben, die im Umgang mit schwerkranken Patienten auftretenden Belastungen und Frustrationen besser zu ertragen, damit die Beziehung zwischen Arzt und Patient darunter nicht leidet.
4. Der Arzt für Allgemeinmedizin muß erlernen, die Schockwirkung eines Krankenhausaufenthaltes oder einer schweren körperlichen Erkrankung im Stadium der weiteren Gesundung aufzuarbeiten und zu mildern. Zum anderen muß er neurotische Leiden mit funktionellen oder tatsächlichen Organbeschwerden erkennen und diagnostizieren können und adäquate Methoden der Weiterbehandlung vorschlagen können. Dabei bleibt der letztgenannte Punkt nicht auf den Arzt für Allgemeinmedizin beschränkt, sondern trifft in gleichem Maße auch auf den Kinderarzt, den Frauenarzt

oder den Internisten zu.

Welche von diesen für die Praxis außerordentlich wichtigen Grundkenntnisse erlernt nun der Arzt? Dies haben FERCHLAND-MALZAHN und WILDGRUBE für die vorklinische Ausbildung dargestellt.

Der Medizinstudent erhält also - abhängig von den didaktischen Fähigkeiten des Lehrenden - einen tiefen Einblick in das Fach Psychologie. Wenn man voraussetzt, daß der oben angesprochene Aufgabenbereich der relevanteste für den Arzt ist, dann erhebt sich die Frage, ob nicht nach der ärztlichen Vorprüfung eine Ausbildung mit dem Schwerpunkt in der Diagnostik, Therapie und Prävention psychischer Störungen als Folge körperlicher Erkrankungen eingerichtet werden sollte. Zweifellos werden diese Bereiche der Psychologie in der vorklinischen Ausbildung in der Medizinischen Psychologie angesprochen (vgl. DAHME u.a. 1977) und in den Nachbardisziplinen Psychiatrie und Psychosomatische Medizin während der klinischen Ausbildung gestreift. Eine institutionalisierte Ausbildung, in der diese Schwerpunkte anhand praktischer Problemstellungen, z.B. der ärztlichen Gesprächsführung bei der Vorbereitung auf eine Amputation, während der klinischen Semester vertieft werden, hat sich bisher jedoch keineswegs durchgesetzt. Man kann sich grundsätzlich fragen, ob dies überhaupt in den Kompetenzbereich des Arztes fallen muß, ob es nicht unmittelbarer zu dem Aufgabenbereich des Klinischen Psychologen, des Psychotherapeuten oder des Psychiaters gehört, und man kann sich auf den Standpunkt stellen, daß der Arzt gar nicht so umfassend ausgebildet werden kann, daß er neben seiner Tätigkeit als Diagnostiker und Therapeut körperlicher Leiden auch die psychischen Begleitstörungen behandeln und beseitigen kann. Wenn man z.B. als Psychologe den Arzt in diesem Bereich ausbildet, gibt man selbst ein äußerst wichtiges Aufgabenfeld preis, in Anbetracht der gegenwärtigen Situation eines Riesenheeres von arbeitslosen Psychologen eine unverantwortliche Forderung.

Gegen diese Argumente lassen sich zwei Gegenargumente anführen:

1. In England werden alle Patienten, die mit einem Arzt für Allgemeinmedizin in Kontakt kommen, vom National-Health-Service registriert, dies sind nach SHEPHERD u.a. (1966) 95% der Bevölkerung. 60% der bei einem praktischen Arzt eingeschriebenen Patienten konsultieren ihn auch während eines Jahres. Obwohl für die Bundesrepublik Deutschland aufgrund des Unterschiedes im Gesundheitssystem genaue Zahlen fehlen, dürfte die Situation nicht wesentlich anders sein. Aus diesem Grunde werden, am Rande angemerkt, epidemiologische Untersuchungen, die das Ziel haben, genaue Prävalenzraten über seelische Störungen in der Gesamtbevölkerung zu ermitteln, sehr gern in Allgemeinpraxen durchgeführt. Solche Prävalenzraten liegen nach ZINTL-WIEGAND u.a. (1978) für die Mannheimer Bevölkerung bei ca. 33&. Dies bedeutet, daß der Arzt für Allgemeinmedizin, der die medizinische Basisversorgung seiner Umgebung sicherstellt, einen wichtigen Platz in der Beobachtung und Behandlung aller Arten von Krankheiten und Leiden, die in der Bevölkerung auftreten, einnimmt. Der Arzt für Allgemeinmedizin ist also im Inanspruchnahmeverhalten der Bevölkerung eine außerordentlich wichtige und zentrale Instanz. Er wird in aller Regel, sei es bei psychogenen Kopfschmerzen oder funktionellen Herzbeschwerden, als erster konsultiert. Es wäre unrealistisch zu glauben, hier eine Änderung im Verhalten der Bevölkerung erreichen zu wollen. Der Arzt für Allgemeinmedizin spielt also bei der Diagnostik, Behandlung und Prävention solcher Leiden eine zentrale Rolle.
2. Es wurde bereits erwähnt, daß als Folge eines Krankenhausaufenthaltes und als Folge der emotionalen Verarbeitung einer schweren körperlichen Erkrankung gravierende abnorme psychische Reaktionen auftreten können. Um solche Reaktionen im körperlichen Heilungsprozeß zu vermei-

den, ist es im Sinne des Patienten nicht günstig, daß er sich am Krankenbett auf verschiedene Bezugspersonen einstellen muß. Dies dürfte ihn in seiner labilen emotionalen Verfassung überfordern. Da im Vordergrund die Behandlung des körperlichen Leidens steht, vor allem bei lebensbedrohlichen Zuständen wie auf Intensivstationen, muß die Bezugsperson der Arzt, der die Behandlung unmittelbar durchführt, sein und bleiben. Er muß akute seelische Krisen auffangen und bis zu einem gewissen Grad beseitigen können. Die eventuelle Nachbehandlung eines Patienten, z.B. die notwendige Änderung in seiner emotionalen Verarbeitung einer veränderten Lebenssituation, wie sie nach einer Amputation, nach einem Herzinfarkt oder bei einem schweren chronischen Leiden wie einer Niereninsuffizienz, erforderlich sein mag, kann der Fachmann, z.B. der Klinische Psychologe, übernehmen.

Der in der Körpermedizin tätige Arzt muß also so ausgebildet sein, daß er eine Akutbehandlung exogener Psychosen oder eine Akutbehandlung abnormer Erlebnisreaktionen durchführen kann. Er muß ferner psychische Leiden, die funktionelle Organbeschwerden hervorrufen, erkennen und erste Behandlungsmaßnahmen einleiten können. Ein Psychologe kann solche Behandlungen nicht selbst übernehmen, sondern sollte sich aufgrund seines spezifischen Fachwissens an einer intensiveren Ausbildung als bisher beteiligen.

Es muß nun die Frage geklärt werden, zu welchem Zeitpunkt die Ausbildung am sinnvollsten erscheint, in welcher Form der Psychologe sich daran beteiligen kann und soll und welche Voraussetzungen die Psychologen als Ausbilder haben sollten. Dabei kann an dieser Stelle selbstverständlich nicht ein vollständiges Curriculum mit einem strukturiertem Zeitplan und einem inhaltlich detaillierten Konzept angeboten werden. Es ist auch nicht die Aufgabe dieses Referates, ein vollständiges Konzept vorzulegen, sondern es sollen nur einige wichtig erscheinende Punkte als Grundlage für weiterführende Diskussionen aufgeführt werden.

Es ist bereits angedeutet worden, daß der Zeitpunkt der Ausbildung in die für die Praxis relevanten Aufgabenbereiche dann zu wählen ist, wenn der Medizinstudent oder der junge Arzt mit diesen Problemen auch tatsächlich konfrontiert wird. Dies bedeutet, daß der Zeitpunkt gegen Ende der klinischen Semester oder im sog. Internatsjahr nach dem 1. Staatsexamen liegen könnte. Daraus folgt, daß die vorklinische Ausbildung im Fach "Medizinische Psychologie" in der bisherigen Form beibehalten werden kann, daß aber zusätzliche Ausbildungszeit gegen Ende des Studiums eingeplant werden muß. Da der Ausbildungsplan für Mediziner jedoch sehr genau strukturiert ist und kaum Zeit für zusätzliche Ausbildung in psychologischen Teilgebieten frei ist, dürfte die Durchsetzung eines solchen Vorschlages schwierig und in naher Zukunft kaum realisierbar sein. Welche Übergangslösungen könnten jedoch bis zu einer endgültigen Ausbildungsregelung verwirklicht werden? Es bietet sich an, offizielle Fortbildungsveranstaltungen, z.B. für Assistenzärzte, an Krankenhäusern einzurichten. Man kann in Wochenendseminaren beispielsweise praktische Kurse in der Gesprächsführung durchführen. Man kann eine Einführung in klinische Urteilsbildung und den diagnostischen Prozeß geben und es lassen sich die Grundprinzipien der Verhaltensmodifikation, z.B. bei extremen Ängsten vor Spritzen oder vor einem chirurgischen Eingriff, vermitteln und vieles anderes mehr.

Ein zusätzlicher Schwerpunkt der Ausbildung muß also - wie gesagt - darauf gelegt werden, den Patienten im Krankenhaus oder in der Allgemeinpraxis bei seinen psychischen Schwierigkeiten besser zu betreuen und ihm besser als bisher dabei zu helfen, seine psychischen Probleme zu überwinden.

Ein letztes Wort muß noch über die Ausbilder gesprochen werden. Der Diplom-Psychologe wird im Schwerpunktstudium Klinische Psychologie während seiner eigenen Ausbildung an der Universität kaum darauf vorbereitet, selbst als Ausbilder in diesem speziellen Aufgabenfeld tätig zu werden. Es erscheint deshalb am sinnvollsten, wenn diese Ausbildung von den Lehrstühlen für Medizinische Psychologie, die in Praxis, Lehre und Forschung mit diesen Problemen konfrontiert werden, übernommen wird.

Auf die psychologischen Probleme von Patienten in Krankenhäusern und auf die Möglichkeiten der therapeutischen Beeinflussung ist von Seiten der Psychiatrie seit Jahren hingewiesen worden (vgl. BÖKER, 1979). Aber auch die Ausbildung zum Facharzt für Psychiatrie vermittelt nicht genügend Grundkenntnisse in ihrem unmittelbaren Aufgabenbereich. Die Grundvoraussetzungen, die das Psychologiestudium liefert, erscheinen für den genannten Aufgabenbereich hinreichender zu sein.

LITERATUR

BÖKER, W. Symptomatische Psychosen während Intensivbehandlung. In: Schriftenreihe INA. Stuttgart: Thieme-Verlag, im Druck.

DAHME, B.; EHLERS, W.; ENKE-FERCHLAND, E.; ROSEMEIER, H.-P.; SCHEER, J.-W.; SCHMIDT, L.R.; WILDGRUBE, K. 1977. Lernziele der Medizinischen Psychologie. Empfehlungen zu den Zielen und Methoden des Unterrichts. München: Urban & Schwarzenberg.

SHEPHERD, M.; COOPER, B.; BROWN, A.C.; KALTON, G.W. 1966. Psychiatric illness in general practice. London: Oxford University Press.

ZINTL-WIEGAND, A.; SCHMIDT-MAUSHART, Ch.; LEISNER, R.; COOPER, B. 1978. Psychische Erkrankungen in Mannheimer Allgemeinpraxen. Eine klinische und epidemiologische Untersuchung. In: HÄFNER, H. (Hg.) Psychiatrische Epidemiologie. Berlin: Springer.

EDITHA FERCHLAND-MALZAHN & KLAUS WILDGRUBE

AUSBILDUNG IN PSYCHOLOGIE FÜR ÄRZTE: AUSBILDUNG IN DER VORKLINIK (MEDIZINISCHE PSYCHOLOGIE)

A. Definition und curriculare Vorüberlegungen

Durch die Approbationsordnung für Ärzte von 1970 wurden eine Reihe neuer Pflichtfächer in das Medizinstudium eingeführt, darunter die Medizinische Psychologie.
Zur Zeit der Einrichtung des Faches "Medizinische Psychologie" wurde definiert: "Medizinische Psychologie ist Psychologie für Mediziner". Weiter heißt es im "Brief zu Grundsatzfragen der Medizinischen Psychologie", der am 6.6.1974 vom Vorstand der Sektion Medizinische Psychologie und der HPPS (s.u.), vom Vorsitzenden der Deutschen Gesellschaft für Psychologie, vom Vizepräsidenten des Berufsverbandes Deutscher Psychologen und Vertretern anderer einschlägiger Fachgesellschaften und Fachverbände unterzeichnet worden ist:

Medizinische Psychologie ist ein "in der Vorklinik verankertes Lehrfach, das
a) Verbindung mit allen vorklinischen Fächern hat,
b) auf die klinischen Ausbildungsabschnitte der Medizin hinorientiert sein soll und
c) auf die psychologischen Anforderungen in der ärztlichen Tätigkeit vorbereiten soll."

Zu den neueingeführten Pflicht-Studienfächern gehören des weiteren die Medizinische Soziologie und - im klinischen Ausbildungsabschnitt - die Psychosomatik und Psychotherapie. Diese Disziplinen unter dem Sammelbegriff der "psychosozialen Fächer" haben sich zur "Ständigen Konferenz der Hochschullehrer für Psychosomatik/Psychotherapie, Medizinische Psychologie und Medizinische Soziologie (HPPS)" zusammengeschlossen. Diese Fachvertreterkonferenz koordiniert auf jährlich zwei Tagungen Lehre, Forschung und hochschulpolitische Belange der beteiligten Fächer, deren Arbeitsaufgaben innerhalb des gesamtmedizinischen Rahmens sich überschneiden. Die 3 Sektionen dieser Konferenz haben jeweils spezielle Kommissionen eingesetzt. Die Sektion Medizinische Psychologie hatte eine Lernzielkommission mit der Erarbeitung und Revision der Lernziele des Faches beauftragt. Zur Zeit arbeiten in der Sektion Medizinische Psychologie eine Forschungskommission und eine Unterrichtskommission.

Welche Einflüsse hatten zur Einführung psychosozialer Fächer geführt? Mit der Aufnahme sozialwissenschaftlicher Disziplinen in das Medizinstudium wurde der Einsicht Rechnung getragen, daß ärztliche Tätigkeit mit nur naturwissenschaftlicher Vorbildung nicht auskommt. Eine einseitig technisch-apparativ ausgerichtete Medizin hatte zunehmend zu Unzufriedenheit auf Seiten der Patienten wie innerhalb der Ärzteschaft geführt. Eine Neuordnung des Medizinstudiums war also dringend indiziert. Die bloße Addition allerdings weiterer Fächer zu einem sowieso schon umfangreichen Kanon von Teilfächern kann einen planvollen, begründeten Curriculumansatz nicht ersetzen.

Medizinische Psychologie ist ausdrücklich nicht als Propädeutik für etwa Psychosomatik und Psychotherapie, Sozialmedizin und Psychiatrie gedacht, sondern umgreift alle medizinischen Spezialisierungen. Auch sogenannte rein organische Erkrankungen bringen eine ganze Reihe psychischer Verarbeitungsprobleme mit sich. Insofern ist prinzipiell die Anordnung der Medizinischen Psychologie als Grundlagenfach im vorklinischen Studium sinnvoll. Die Gewichtungsrelationen zwischen den einzelnen Fächern und die Fortsetzung psychologischer Fragestellungen und Arbeitsansätze im klinischen Abschnitt sind allerdings bisher noch unzureichend geklärt.

Grundsätzlich muß man aufgrund didaktischer Erkenntnisse für die Curriculumskonstruktion folgendes fordern:
Alle Teilfächer, die an der Ausbildung zukünftiger Ärzte beteiligt sind, müssen eine Analyse des ärztlichen Berufsfeldes zum Ausgangspunkt nehmen. Die Betonung liegt dabei, neben einer gründlichen Bedarfsermittlung, auf einem Entwurf _zukünftiger_ Entwicklungen, da eine Orientierung nur an den bestehenden Verhältnissen Ausbildungsformen und -inhalte so rigide festschreiben würde, daß eine Korrektur und Verbesserung in der Zukunft kaum möglich wäre. Auf der Basis von Berufsfeldanalysen muß dann die Festlegung von Lernzielen erfolgen. Unmittelbar an den Lernzielen orientiert müssen dann Lerneinheiten konstruiert werden. Und lernzielorientiert müssen auch die Prüfungsformen sein.

Eine derartige sinnvolle Abfolge von Arbeitsphasen in der Curriculumplanung ist aber für das Fach Medizinische Psychologie in der aktuellen hochschulpolitischen Entwicklung genau auf den Kopf gestellt worden: Zunächst wurde im Jahre 1970 als Approbationsordnung für Ärzte eine Prüfungsordnung erlassen, in der verfügt wurde, daß in der Ärztlichen Vorprüfung auch Medizinische Psychologie geprüft werden soll. Alle technischen Notwendigkeiten zur Durchführung der neu verordneten zentral gesteuerten schriftlichen Prüfung wurden vom dafür gegründeten Institut für Medizinische und Pharmazeutische Prüfungsfragen in Mainz übernommen. Währenddessen wurden an den Universitäten medizinpsychologische Lehrveranstaltungen erprobt. Lernziele für das Fach Medizinische Psychologie wurden dann von der Fachvertreterkonferenz HPPS 1973 und in stärker systematisierter Form 1977 publiziert.

B. Lernziele und Gegenstände der Medizinischen Psychologie

Die Lernzielkommission der Sektion Medizinische Psychologie in der HPPS erarbeitete in einem ersten Entwurf 1973 vier Lernziele, die für den Unterricht im Fach verbindlich sein sollten. Der Lernzielkatalog war zunächst im Gegenstandskatalog für die Fächer der Ärztlichen Vorprüfung abgedruckt. Dieser wurde durch das Institut für Medizinische und Pharmazeutische Prüfungsfragen in Mainz herausgegeben. In einer zweiten Fassung wurden Gegenstände (Wissensinhalte) und Lernziele für das Fach in separaten Schriften veröffentlicht. Die Gegenstände, die ganz ausdrücklich prüfungsrelevant für alle vorklinischen Fächer in einer neuen Fassung des Gegenstandskataloges herausgegeben wurden, waren damit aus dem didaktischen Gesamtrahmen der Lernziele herausgenommen worden. Die Lernziele wurden 1977 in einer überarbeiteten Fassung veröffentlicht (DAHME, B.; EHLERS, W.; ENKE-FERCHLAND, E.; ROSEMEIER, H.-P.; SCHEER, J.-W.; SCHMIDT, L.R.; WILDGRUBE, K. Lernziele der Medizinischen Psychologie. Empfehlungen zu den Zielen und Methoden des Unterrichts. München: Urban & Schwarzenberg).
Basis der Lernzielformulierungen waren ärztliche Verhaltensweisen im klinischen Alltag und darin unmittelbar evidente Mängel und Fehlverhaltensweisen.
Die in der folgenden Aufstellung abgedruckten Lernziele stellen das Ergebnis mehrjähriger Kommissionsarbeit von 7 Fachvertretern dar.

Überblick über die Lernziele

Lernziel 1. Selbst- und Fremdwahrnehmung

Der Student soll im Unterricht ansatzweise lernen, persönliche Bedürfnisse (Motivationen), affektive Reaktionen und sozialpsychologische Phänomene der Kommunikation bei sich selbst und bei anderen wahrzunehmen und in sein Verhalten einzubeziehen.

Lernziel 2. Problembewußtsein für medizin-psychologische Methodik

Der Student soll - auch als Beitrag zu einer allgemeinen methodologischen Kritikfähigkeit - Kriterien zur Beurteilung von Daten aus verschiedenen Informationsquellen anwenden lernen; er soll medizinisch-psychologische Konzepte und empirische Ergebnisse zu psychologischen Sachverhalten kritisch beurteilen lernen.

Darüber hinaus soll er methodisch begründetes Vorgehen auch in affektiv belastenden Situationen realisieren lernen.

Lernziel 3. Psychologisch aufgeschlossene Haltung gegenüber dem Patienten

Der Student soll darauf vorbereitet werden, Verständnis für die Bedürfnisse und die psychische, soziale und ökonomische Situation des Patienten zu entwickeln. In der vorbereitenden Unterrichtssituation soll er zunächst auch die Grenzen seines eigenen unmittelbaren Verständnisses für einzelne Patientenprobleme erkennen lernen.

Lernziel 4. Elemente ärztlich-psychologischen Handelns

4.1 Ärztliche Gesprächsführung

Der Student soll unterschiedliche Zielsetzungen und (dadurch bedingte unterschiedliche) Formen des ärztlichen Gesprächs kennenlernen und erste eigene Erfahrungen zur psychologisch reflektierten Gesprächsführung gewinnen. Er soll insbesondere typische Fehlerquellen kennen und berücksichtigen lernen.

4.2 <u>Psychologische Aspekte des Diagnostizierens und Grundlagen der Psychodiagnostik</u>
Der Student soll allgemeine Probleme des Diagnostizierens (Klassifikation und Entscheidungsvorgang, unklare Fälle, Einzelfallproblematik, Wechselwirkung von Diagnostik und Therapie) kennenlernen, noch vor der Kenntnis einzelner klinischer Diagnoseschemata.

Er soll Beispiele für psychodiagnostische Vorgehensweisen (diagnostische Verfahren und Prozeß der Urteilsbildung) kennenlernen.

4.3 <u>Psychologische Aspekte des Therapierens und Grundlagen von Beratung und Psychotherapie</u>
Der Student soll allgemeine Prinzipien therapeutischer Maßnahmen, besonders deren psychologische Komponenten kennen und berücksichtigen lernen.

Lernziel 5. <u>Professionelle Kooperation</u>
Der Student soll den Einfluß von Sozialisation und Institution auf Berufswahl und berufliches Handeln erkennen lernen. Er soll Voraussetzungen für die kollegiale Zusammenarbeit, für die Arbeit mit anderen Facharztgruppen und mit Vertretern anderer Gesundheitsberufe erwerben.

Kernstück des Lernzielkataloges ist der Begriff der <u>Kompetenzen</u>. Damit sind Befähigungen gemeint, die ein angehender Arzt erwerben soll, um - aus der psychologischen Perspektive - die Anforderungen des ärztlichen Alltags besonders im Umgang mit dem Patienten zu bewältigen. Der gewählte Begriff der Kompetenz sollte ganz ausdrücklich kognitive, affektive und Handlungs-Kompetenzen einbeziehen. Dieser Ansatz basiert auf den Forschungsergebnissen, die Persönlichkeitsveränderungen unterschiedlicher Intentionen anstreben: das kognitive Wissen ist keine ausreichende Voraussetzung für entsprechende Verhaltensveränderungen. Die Vermittlung von Kompetenzen, wie sie die Medizinische Psychologie anstrebt, konnte sich deshalb keinesfalls auf die Auswahl von Wissensinhalten beschränken. Darüber hinaus liegen jedoch genügend Erfahrungen darüber vor, daß die angestrebten Lernziele nicht in befristeten Veranstaltungen des Faches allein erreicht werden können, sondern daß das Fach erste Anstöße geben soll, die durch andere Fächer im klinischen Studium vertieft und gefestigt werden müssen (z.B. Allgemeinmedizin, Psychosomatik und Psychotherapie). Streng genommen ist auch eine Kooperation mit den traditionellen Fächern (z.B. Innere Medizin, Chirurgie) erforderlich, um die genannten Lernziele wirklich erfolgreich umsetzen zu können. Wenn z.B. die Vorbereitung eines Arzt-Patient-Gespräches im medizin-psychologischen Unterricht den Studenten eine angemessene Form des Zuhörens vermitteln soll, der Untersuchungskursus in der klinischen Ausbildung aber mehr ein medizin-technisches Vorgehen vermittelt, das psychologische Aspekte außer acht läßt, ist damit vom didaktischen Standpunkt her bei den Studenten entweder Verwirrung, Anpassung an die jeweilige Situation oder eine Verleugnung der Widersprüche die Folge. Solche vielfach vorhandenen Probleme muß die weitere Forschungs- und Lehrpraxis der Fächer bearbeiten und lösen, wenn die genannten Lernziele von den Studenten verwirklicht werden sollen.

Der überarbeitete Lernzielkatalog bietet für die Umsetzung im Unterricht konkrete Beispiele für Kompetenzen an, die im Sinne eines jeden Lernzieles zu verwirklichen sind:
Eine Kompetenz, die dem ersten Lernziel zuzuordnen ist, lautet "Wahrnehmung eigener affektiver Reaktionen auf andere", ein Beispiel für Lernziel 2 "Wahrnehmung von Untersuchungs- und Beobachtungsfehlern in sozialen Situationen", ein Bei-

spiel für Lernziel 3 "Wahrnehmung von sozialen und ökonomischen Hintergründen der Situation des Patienten"; eine Kompetenz, die dem Lernziel 4 zuzuordnen ist, heißt "Kenntnis verschiedener Zielsetzungen des ärztlichen Gesprächs und methodischer Fragen der Gesprächsführung". Für Lernziel 5 wird u.a. als wesentliche Fähigkeit bestimmt, daß die Berufsmotivation während der ärztlichen Ausbildung reflektiert werden soll.
Über die detaillierte Aufstellung von Kompetenzen zu jedem Lernziel hinaus wurden weitere Bestimmungsstücke erarbeitet:
- Anwendungsfelder
- Grundkenntnisse
- Unterrichtsmedien
- Evaluation

Anwendungsfelder für die Lernziele können letztendlich nur spezifische Bereiche der ärztlichen Tätigkeit sein; die aktuelle Situation des vorklinischen Unterrichts machte es jedoch bei einigen Lernzielen erforderlich, Zwischenstufen des Lernprozesses zu nennen. Beispielsweise ist es Ziel einer verbesserten Selbst- und Fremdwahrnehmung (Lernziel 1), daß der angehende Arzt ein breites und sensibles Wahrnehmungsvermögen im Umgang mit dem Patienten entwickelt. Ein kürzerfristiges Ziel ist, daß die Studenten in ihren jeweiligen Arbeitsgruppen während des Studiums diese Fähigkeiten trainieren.
Unter dem Stichwort Grundkenntnisse sind diejenigen Abschnitte aus dem Gegenstandskatalog aufgeführt, die in dem vorher definierten Sinn die kognitiven Anteile einer jeweiligen Kompetenz darstellen. Es ist beispielsweise erforderlich, Beobachtungsfehler bei der systematischen Verhaltensbeurteilung zu kennen (z.B. Halo-Effekt, Milde-Effekt), um diesen gezielt und sinnvoll vorbeugen zu können.
Außerdem stellt der Abschnitt die Brücke zwischen den Lernzielen und den Prüfungsgegenständen her; diese Einbindung soll u.a. verhindern, daß Unterricht und Ärztliche Vorprü-

fung isolierte Lernbereiche sind. Für einen solchen Trend sind genügend Beispiele zu beobachten: der Unterricht in Medizinischer Psychologie versucht vorzugsweise, längerfristige Lernprozesse zu initiieren, um Kompetenzen zu vermitteln, für die Ärztliche Vorprüfung aber wird von den Studenten wenige Wochen vorher nur einfach "gepaukt".

Der Abschnitt Unterrichtsmedien soll Anregungen für die didaktische Operationalisierung der Lernziele geben. Zum Beispiel können durch die Beobachtung und Einschätzung von Interviews, die durch Videogeräte oder Tonband wiedergegeben werden, Lernprozesse im Sinne einer angemessenen, psychologisch aufgeschlossenen Haltung gegenüber dem Patienten bewirkt werden (Lernziel 3).

Hinweise für die Evaluation eines jeweiligen Lernziels sollen Dozenten und Studenten anregen, die Erreichung der Lernziele im Auge zu haben, denn bis heute spiegelt die didaktische und psychologische Literatur erhebliche Schwierigkeiten, Kompetenzen, die auch sozial-emotionale Lernanteile einbeziehen, zu erfassen. Solche Einwände wurden deshalb häufig gegen Lernziele geltend gemacht, die über die Wissensvermittlung hinausgehen. Die Mehrheit der Medizin-Psychologen ist sich jedoch darin einig, daß für die ärztliche Tätigkeit spezifische Kompetenzen zu vermitteln sind, so daß in diesem Punkt die Entwicklung von Evaluationsinstrumenten in einem breiteren Umfang dem Versuch der Vermittlung der Kompetenzen im Unterricht parallel läuft. Die entsprechende Unterrichtskommission hat sich u.a. zur Aufgabe gemacht, die Konstruktion von Evaluationsinstrumenten voranzutreiben und damit die Lernziele einer ständigen Überprüfung und Kontrolle zu unterwerfen, sie also nicht festzuschreiben. Das gleiche muß für die Bearbeitung der Prüfungsgegenstände gesagt werden. Auch diese sollen, gemessen an den Ergebnissen der Forschung und im Zusammenhang der praktischen Unterrichtserfahrungen, ständig der Kontrolle und (in größeren Zeitabschnitten) der Veränderung unterworfen sein.

C. Unterrichtspraxis der Medizinischen Psychologie

Über die Unterrichts-Rahmenbedingungen (Gruppengröße, Dozentenschlüssel usw.), auch wie weit sie durch die Kapazitätsverordnung (KapVo) festgelegt sind, über die faktischen Unterrichtsformen im Pflichtkurs, in Vorlesungen und zusätzlichen Seminaren, über Sach- und Personalausstattung der medizinisch-psychologischen Institute der Bundesrepublik Deutschland (mit Adressen) sowie über Studentenzahlen findet der Interessierte Angaben in der Publikation der Lernzielkommission (DAHME, B.; EHLERS, W.; ENKE-FERCHLAND, E.; ROSEMEIER, H.-P.; SCHEER, J.-W.; SCHMIDT, L.R.; WILDGRUBE, K. 1977. Lernziele der Medizinischen Psychologie. Empfehlungen zu den Zielen und Methoden des Unterrichts. München: Urban & Schwarzenberg.).

DISKUSSION IN DER ARBEITSGRUPPE "AUSBILDUNG IN PSYCHOLOGIE FÜR ÄRZTE"

Die Referenten stehen in ständiger Kooperation mit Ärzten bzw. Medizinstudenten. E. FERCHLAND-MALZAHN und K. WILDGRUBE waren darüber hinaus Mitglieder der Lernzielkommission der Sektion Medizinische Psychologie in der "Ständigen Konferenz der Hochschullehrer für Psychosomatik/Psychotherapie, Medizinische Psychologie und Medizinische Soziologie". Die Diskussion entzündete sich lebhaft an der von E.-R. REY erhobenen Forderung, den bisher aufgestellten Lernzielen in Medizinischer Psychologie, die ja bis zur Ärztlichen Vorprüfung reichen, eine Ausbildung gegen Ende der klinischen Semester oder nach dem 1. Staatsexamen hinzuzufügen.

Damit stand ein Gedanke im Mittelpunkt der Aufmerksamkeit, den HELLPACH bereits in seiner 1946 erschienenen "Klinischen Psychologie" als Programm formuliert hat, nämlich die <u>anforderungsorientierte</u> Konzeption einer Psychologie für Ärzte, die sowohl ein Wissen um das Patient-Sein des Kranken als auch den Aufbau und die Aufrechterhaltung des Vertrauensverhältnisses zwischen Arzt und Patient zur Aufgabe hat. In der Tat ist es fraglich, ob das neu eingeführte vorklinische Studium in Medizinischer Psychologie dies leisten kann, da der dort behandelte Stoff von den Medizinstudenten - gerade in der heutigen Hochschulsituation - allzuleicht als bloßes Prüfungswissen mißverstanden wird, das durch die Bearbeitung von Fragenkatalogen und durch die Prüfung selbst "abgehakt" ist ("Prüfung als Löschreiz").

E. FERCHLAND-MALZAHN und K. WILDGRUBE räumten ein, daß die neue Approbationsordnung für Ärzte des Jahres 1970 die Ärztliche Vorprüfung in Medizinischer Psychologie verfügt hatte, <u>ohne</u> daß Lehr- und Lernziele formuliert waren. Allerdings sei der inzwischen erstellte Lernzielkatalog auf Kompetenzen ausgerichtet, die mehr sind als Prüfungswissen.

Die Diskussion schloß mit der einhelligen Meinung, daß Medizinische Psychologie in Zukunft auch Bestandteil der klinischen Semester des Medizinstudiums werden könnte und sollte.

Peter Orlik

GÜNTER F. MÜLLER

AUSBILDUNG IN PSYCHOLOGIE FÜR WIRTSCHAFTSBERUFE

Einleitung

Eine Psychologieausbildung im Rahmen wirtschaftswissenschaftlicher Studiengänge ist an Universitäten der Bundesrepublik Deutschland nicht obligatorisch. Wo sie - wie etwa in Augsburg, München oder Mannheim - praktiziert wird, folgt sie unterschiedlich langen interdisziplinären Lehr- oder Forschungstraditionen. Ein besonders intensiver Lehr- und Forschungskontakt zwischen Wirtschaftswissenschaft und Psychologie besteht seit jeher in Mannheim. Die Universität Mannheim ist aus einer Wirtschaftshochschule hervorgegangen, an der seit 1946 ein Lehrstuhl für Wirtschaftspsychologie eingerichtet war. Die Überleitung der Wirtschaftshochschule in den Status einer Universität, die sich 1967 vollzog, bewirkte dann die Auslagerung einer Wahlfachausbildung für Studenten der Wirtschaftswissenschaften auf ein selbständiges Psychologisches Institut. Heute profitiert das Lehrangebot im Wahlfach Psychologie vom Ausbau eines auf Wirtschaftsberufe bezogenen Ausbildungsschwerpunkts im Psychologiehauptstudium. Veranstaltungen, die Psychologiestudenten dieses Schwerpunkts auf ihre spätere Tätigkeit in Betrieben und Organisationen vorbereiten sollen, bieten sich thematisch natürlich auch als Wahlfachergänzung für Studierende der Wirtschaftswissenschaften an.

Wenn im folgenden über curriculare Probleme einer Wahlfachausbildung in Psychologie für Studierende der Wirtschaftswissenschaften reflektiert wird, dann geschieht dies auf der

Grundlage dreier Informationsquellen:

Eine erste Informationsquelle stellen Erfahrungen als Lehrbeauftragter für Grundübungen im Psychologiewahlfachstudium am Psychologischen Institut der Universität Mannheim dar. Das in Mannheim praktizierte Ausbildungsmodell ist vornehmlich in Fächeralternativen des betriebswirtschaftlichen Hauptstudiums verankert. Das bedeutet, daß Studenten erst eine Psychologieausbildung beginnen, wenn sie nach dem Grundstudium die auch für ihre zukünftige Berufstätigkeit wichtigen Studienschwerpunktentscheidungen getroffen haben. (Zur Lage einer Psychologieausbildung im betriebswirtschaftlichen Grundstudium siehe die Diskussionsbeiträge zu diesem Referat. Zur Lage einer Psychologieausbildung für Studenten der Volkswirtschaftslehre siehe letzten Abschnitt dieses Referats.)

Eine zweite Informationsquelle stellen unmittelbare und mittelbare Erfahrungen einer Zusammenarbeit mit Wirtschaftswissenschaftlern an interdisziplinären Forschungsinstituten dar. Gemeinsame empirische Arbeiten, wie sie am Sonderforschungsbereich 24 oder am Institut für empirische Wirtschaftsforschung der Universität Mannheim von Psychologen und Wirtschaftswissenschaftlern geplant und realisiert werden, führen nicht nur dazu, neue Forschungs- und Anwendungsfelder interdisziplinärer Aktivitäten zu entdecken. Sie fördern vielmehr auch das gegenseitige Fachverständnis und machen die Probleme bilateraler Kommunikation und Kenntnisvermittlung transparent. Daraus ergeben sich stets auch wertvolle Anregungen für die Wahl von Lehrinhalten und für die didaktische Konzeption einer Lehrinhaltsvermittlung.

Eine dritte Informationsquelle sind schließlich neuere Trends über den Bedarf an psychologischem Wissen in Organisationen und dessen Aufarbeitung in wissenschaftlichen Publikationen. Die einschlägige Literatur zeigt beispielsweise, daß insbesondere einer Analyse von Intra- und Intergruppen-Prozessen in Betrieben und Organisationen zunehmend größere Bedeutung beigemessen wird. Entsprechend erwarten Wirtschaftsunternehmen auch in zunehmendem Maße, daß Psychologen oder in Psychologie ausgebildete Betriebswirte über fundierte sozialpsychologische Kenntnisse verfügen. (Persönliche Mitteilung von Herrn KRÄNZEL, Personalabteilung FICHTEL & SACHS (Schweinfurt), Herrn HAMEL, Personalabteilung SIEMENS (Karlsruhe), Herrn Dr. SPINDLER, Personalabteilung DAIMLER & BENZ (Mannheim) und Herrn Dr. BECKER, Abteilung Zentrales Ausbildungswesen, STAHLWERKE SÜDWESTFALEN (Siegen).)

Perspektiven einer Psychologieausbildung für Studierende der Betriebswirtschaftslehre

Im folgenden sollen drei Schwerpunkte einer Wahlfachausbildung in Psychologie für Studierende der Betriebswirtschaftslehre skizziert werden. Anhand von möglichen Fächeralternativen des betriebswirtschaftlichen Hauptstudiums an der Universität Mannheim lassen sich zunächst einige Schlußfolgerungen für die Konzeption einer geeigneten <u>allgemeinpsychologischen Einführungsveranstaltung</u> ableiten. Daß es notwendig ist, den Wahlfachstudenten auch einen Überblick über <u>Methoden und Verfahren der angewandten Psychologie</u> zu vermitteln, legen - wie noch zu begründen sein wird - Anforderungen einer betriebswirtschaftlichen Berufspraxis nahe, in der Verhaltensdaten eine wichtige Rolle spielen. Veranstaltungen zu <u>Themen der Wirtschaftspsychologie</u> würden dann das Grundlagenwissen schwerpunktmäßig vertiefen. Auf welches konkrete Lehrangebot sich eine Grundlagenvertiefung beziehen sollte, ließe sich durch Trends im Bereich angewandter Forschung zu speziellen Aspekten ökonomischen Verhaltens bestimmen.

Perspektive 1: Konzeption einer allgemeinpsychologischen Einführungsveranstaltung

In der Regel haben nur bestimmte Fächer des betriebswirtschaftlichen Hauptstudiums einen Ausbildungsbedarf an Psychologie. Zwei Disziplinen, bei denen Informationen über Dispositionen und Verhaltensweisen von Personen einen besonderen Stellenwert einnehmen, sind das betriebliche Personalwesen und die Absatzwirtschaft. Informationen, die bei Personalentscheidungen benötigt werden, beziehen sich auf Ergebnisse von eignungsdiagnostischen Selektions- und Plazierungsuntersuchungen, auf die Ermittlung von Schulungsbedürfnissen im Betrieb oder auf Erfolgskontrollen bei der Anwendung von Lohn- und Prämiensystemen. Informationen, die bei Absatzentscheidungen benötigt werden, beziehen sich auf die Feststellung der Kaufgewohnheiten von Personen, der Wirksamkeit von Werbemaßnahmen oder der Effektivität von Verkaufsstrategien. - Studenten dieser beiden Fächer bilden erfahrungsgemäß das Gros von Teilnehmern an einer Psychologieausbildung. Darüber hinaus deutet sich in Mannheim an, daß Fächer wie betriebliche Organisationslehre, Bankbetriebslehre und Versicherungsbetriebslehre zunehmend an psychologischen Theorien und Methoden interessiert sind. Dies hat seinen Grund u.a. darin, daß Inhaber entsprechender Lehrstühle beginnen, die in Mannheim gegebenen Möglichkeiten zur empirischen Verhaltensforschung zu nutzen und versuchen, die Auszubildenden für Inhalte ihrer Forschungsvorhaben zu interessieren. Verhaltensaspekte, die für Organisations-, Bank- und Versicherungsbetriebslehre relevant sind, beziehen sich beispielsweise auf Bedingungen für Fluktuationsänderungen in Organisationen, auf Determinanten des Investitionsverhaltens privater Kapitalanleger oder auf Einflußfaktoren für Risikopräferenzen von Versicherungsnehmern.

Studenten, die in den genannten Fächern mit psychologischen Fragestellungen konfrontiert werden und eine Psychologieaus-

bildung erwägen, sind in ihren Erwartungen vom Verhaltenskontext des jeweiligen Fachs beeinflußt. Sie erwarten eine "tailored psychology" und sind häufig bereits zu Beginn ihrer Psychologieausbildung frustriert, wenn sie mit gängigen Einführungswerken (BERELSON & STEINER 1969, RUCH & ZIMBARDO 1974) konfrontiert werden (Interviews am Ende des ersten Lehrauftrags-Semesters, dem Wintersemester 1975/76). Sie vermissen darin - wie zu erfahren war - den Bezug zu Problemen, die sie im Rahmen ihres Studiengangs dazu motiviert haben, Psychologie als Nebenfach zu wählen. In einer Veranstaltung, die sich an Standardwerken zur Einführung in die Psychologie orientiert, werden gewöhnlich Prinzipien der Wahrnehmung, des Denkens und Lernens, der Motivation, Persönlichkeit und sozialen Interaktion behandelt. Daß es sinnvoll ist, allgemeine Verhaltensprinzipien zu kennen, erscheint Wahlfachstudierenden bei der Lektüre der genannten Einführungen oft jedoch nicht transparent, weil darin Theorie und experimentelle Empirie überrepräsentiert sind. Daß es auf der anderen Seite möglich ist, Prinzipien der allgemeinen Psychologie auch anhand charakteristischer Beispiele und konkreter Anwendungsprobleme der Wirtschaftspraxis zu verdeutlichen und zu diskutieren, zeigen Bücher zur Markt-, Betriebs- und Organisationspsychologie. In diesen wird regelmäßig auf lerntheoretische, kognitive, motivationale oder soziale Verhaltensprinzipien Bezug genommen (v. ROSENSTIEL 1973, DUNNETTE 1976, NEUBERGER 1976). Gestaltet man eine Wissensvermittlung so, daß zur theoriebezogenen Darstellung allgemeiner Verhaltensprinzipien eine Darstellung und Diskussion der Wirkungsweisen solcher Prinzipien in ökonomischen Verhaltensbereichen hinzutritt, kann man den Erwartungen an eine "tailored psychology" besser entsprechen.
Eine derartige Inhaltsverlagerung führt zu positiven Veranstaltungsbeurteilungen (Interviews am Ende des zweiten Lehrauftrags-Semesters, dem Wintersemester 1976/77) und bewirkt auch eine engagiertere Mitarbeit bei den Wahlfachstudenten. Es zeichnen sich darüber hinaus spezielle Interessenschwer-

punkte bei den Veranstaltungsteilnehmern ab. Fachstudenten des Personalwesens präferieren Bereiche wie Motivation, Lernen und Persönlichkeit, Fachstudenten der Absatzwirtschaft Bereiche wie Wahrnehmung, Kognition und soziale Interaktion.

Perspektive 2: Konzeption einer Methodenveranstaltung

Aus einer kürzlich am Psychologischen Institut der Universität Mannheim durchgeführten Befragung in verschiedenen Industrieunternehmen des Rhein-Neckar-Raums geht hervor (persönliche Mitteilung des Untersuchungsleiters Dr. MAYER), daß Firmen für ihr Personal- oder Absatzmanagement lieber Betriebswirte mit Psychologieausbildung in ein Arbeitsverhältnis übernehmen als Diplompsychologen. Erst wenn z.B. geplante oder bereits durchgeführte organisatorische Veränderungen längerfristige Auswirkungen auf das Leistungsverhalten der Mitarbeiter befürchten lassen, diskutiert man die Einstellung eines eigenen Betriebspsychologen oder erwägt, mit externen Instituten zusammenzuarbeiten, an denen Psychologen beschäftigt sind (s.u.). Wenn etwa die Neueinführung eines Leistungsbeurteilungssystems oder der Wechsel des Führungsstils eines Unternehmens zu erhöhten Absentismus- und Fluktuationsraten führen, ist meist nur ein methodisch und verfahrenstechnisch versierter Betriebspsychologe in der Lage, geeignete Abhilfemaßnahmen vorzuschlagen und zu realisieren. Was aber sollte unter diesem Gesichtspunkt ein psychologisch ausgebildeter Betriebswirt wissen, wenn er mit inner- oder außerbetrieblichen Fachpsychologen zusammenarbeitet? Eine Verständigung auf technologischer Ebene setzt Kenntnisse über Möglichkeiten und Grenzen spezieller Verfahren und Methoden voraus, die zur Lösung von betrieblichen Personal- oder Absatzproblemen verwendbar sind. Verfügt ein Betriebswirt über entsprechende Kenntnisse, so kann er effektiver mit Fachpsychologen kommunizieren. Das Kriterium effektiverer Kommunikation zwischen Betriebswirten und Fachpsychologen, welches ein implizites Ziel der Wahlfachausbildung ist, läßt sich besonders gut auf methodischem Gebiet erreichen, weil die betriebliche Praxis weniger an theoretischen Problemanalysen als an deren Umsetzung in praktikable Lösungsalternativen interessiert ist. Wichtig erscheint dieser Aspekt auch, wenn beispielsweise geplant ist, personal- oder absatzbezogene Maßnahmen bei außerbetrieblichen Instituten, wie z.B. bei Instituten zur berufsbegleitenden Weiterbildung oder bei Marktforschungsinstituten, in Auftrag zu geben. Ein methodisch informierter Betriebswirt wäre hier zweifellos besser in der Lage, die tatsächliche Leistungsfähigkeit solcher Institute einzuschätzen und seriöse von weniger seriösen Angeboten zu unterscheiden. Es erscheint damit sinnvoll, daß eine Wahlfachausbildung in Psychologie zumindest einen Überblick über psychologische Methoden und Verfahren enthält. Eine "tailored psychology" könnte wenigstens vier Inhaltsbereiche aufweisen, die Auskunft geben über wirtschaftsrelevante Befragungsmethoden (Fragebogentechniken, Paneltechnik), Beobachtungsmethoden (Feld-, Laborexperiment), Schulungsmethoden (themenzentrierte und freie Gruppenarbeit, Fähigkeits- und Kenntnistraining) und Entscheidungsmethoden (stochastische und deterministische Entscheidungsmodelle). Es ist anzunehmen, daß derartige Methodenkenntnisse Mißverständnisse darüber, was psychologische Methoden im Wirtschaftsbereich zu leisten vermögen, verhindern und so eine konstruktivere Zusammenarbeit zwischen Betriebswirten und Psychologen ermöglichen. Bei der Ausbildung von Wahlfachstudenten für dieses Ziel sollte aber deutlich gemacht und begründet werden, daß die Anwendung psychologischer Methoden und Verfahren ohne den inner- oder außerbetrieblichen psychologischen Experten weder effektiv noch sinnvoll ist.

Perspektive 3: Konzeption von Spezialveranstaltungen in Wirtschaftspsychologie

Der traditionelle Forschungsansatz der Wirtschaftspsychologie ist weitgehend individuenzentriert. Man denke z.B. an den eignungsdiagnostischen Schwerpunkt der Betriebspsychologie, an die Arbeitsplatzforschung der Arbeitspsychologie oder an die Methodenforschung der Werbepsychologie. Das Interesse an Fragen sozialer Interaktion, an Intra- und Intergruppen-Prozessen in Betrieben und Organisationen trat erst in den vergangenen beiden Jahrzehnten stärker in den Blickpunkt wirtschaftspsychologischer Betrachtungen. Eine forcierte sozialpsychologische Grundlagenforschung auch in der Bundesrepublik Deutschland trägt nicht unwesentlich zu diesem Trend bei. Neuere Veröffentlichungen zur Organisationspsychologie (MAYER 1978), zur Marktpsychologie (IRLE 1979) oder zur Wirtschaftspsychologie (CROTT & MÜLLER 1978) zeigen die Relevanz von sozialpsychologischen Theorien für das Verständnis wirtschaftspsychologischer Fragestellungen auf. Neuere Forschungsergebnisse aus diesen Bereichen sollten deshalb auch in der Psychologieausbildung für angehende Betriebswirte beachtet werden. Themen einer "tailored psychology" für Studierende des Personalwesens könnten sein: Soziale Austauschprozesse und Determinanten von Lohngerechtigkeit, Führungsverhalten und Determinanten effektiver Führung, Determinanten von Konflikten zwischen Personen und Gruppen und deren Lösung, leistungsbezogene Auswirkungen von Entscheidungspartizipation in Betrieben. Als Themenschwerpunkte für Studierende der Absatzwirtschaft würden sich empfehlen: Psychologische Grundlagen von Werbe- und Verkaufstechniken, Verhandlungsverhalten und Determinanten effektiven Verhandelns. Studierenden der Organisations-, Bank- und Versicherungsbetriebslehre könnten folgende Themenschwerpunkte angeboten werden: Determinanten von Bleibeentscheidungen in Organisationen, Gruppeneinflüsse und Fluktuationsveränderungen, Determinanten des Risikoverhaltens von Personen. Veranstaltungen mit den skizzierten Themen könnten möglicherweise Ausbildungsangebote in Teilbereichen der Arbeitspsychologie ablösen, die - wie die Display- oder Produktivitätsforschung - im Verlaufe der Zeit zur Domäne von Ergonomen und speziellen Rationalisierungsinstituten und somit zur Domäne der Ingenieurwissenschaften geworden sind. Eine Betonung von Themen sozialpsychologischer Industrie- und Wirtschaftsforschung ist auch in Anbetracht allgemeinwirtschaftlicher Entwicklungen angebracht. Zu diesen Entwicklungen kann man den Ausbau immer komplexerer und damit auch störanfälliger Organisationsstrukturen und zunehmende inner- und außerbetriebliche Zwänge zu effizientem Wirtschaften zählen. Aber auch sozialpolitische Trends wie verbesserte Möglichkeiten für Organisationsmitglieder, an betrieblichen Entscheidungen zu partizipieren, bringen Verhaltensprobleme mit sich, zu deren Verständnis sozialpsychologische Theorien beizutragen vermögen.

Forderungen an einen formellen Ausbildungsplan im Vergleich zur Ausbildungssituation an der Universität Mannheim

Im Hinblick auf unterschiedliche Schwerpunkte des betriebswirtschaftlichen Hauptstudiums sollte die Ausbildung der Wahlfachstudenten zunächst eine spezifisch gewichtete Einführung in allgemeine Verhaltensprinzipien der Psychologie enthalten. Da bereits in dieser Veranstaltung zu verdeutlichen wäre, welche Relevanz Theorien der Wahrnehmung, des Denkens und Lernens, der Motivation, Persönlichkeit und sozialen Interaktion für die Erklärung verschiedener Aspekte wirtschaftsbezogenen Verhaltens haben, empfiehlt sich eine Abkopplung der Einführungsveranstaltung vom Ausbildungsgang für Psychologiehauptfachstudenten. Dies ist an der Universität Mannheim der Fall. Die entsprechende Veranstaltung trägt den Titel "Einführung in die Psychologie für Wahlfachstudenten" und wird mit 3-Semester-Wochen-Stunden in jedem Wintersemester durchgeführt. Da neben Studenten der Betriebswirtschaftslehre jedoch auch Studenten der Soziologie und Pädagogik teilnehmen, läßt sich der skizzierte Ansatz einer "tailored psychology" hier nur durch Einzelgruppenarbeit realisieren.

Im Hinblick auf prospektive Berufsanforderungen sollte eine Psychologieausbildung für Studierende der Betriebswirtschaftslehre darüber hinaus eine Einführung in quantitative Methoden der Psychologie, ihre Verfahren und Techniken zur Verhaltensbeobachtung, -kontrolle und -modifikation enthalten. Es ist analog zu empfehlen, auch diesen Ausbildungsteil vom Psychologiehauptstudium abzukoppeln. Denn Ausbildungsziel sollte die Vermittlung eines Überblicks über wirtschaftsrelevante Befragungs-, Beobachtungs-, Schulungs- und Entscheidungsmethoden sein, ohne im einzelnen zu behandeln, auf welchen statistischen und/oder theoretischen Voraussetzungen die Entwicklung solcher Verfahren beruht. An der Universität Mannheim ist das Konzept einer abgekoppelten Methodenausbildung ebenfalls realisiert. Sie wird jeweils 3-stündig in jedem Sommersemester durchgeführt. Allerdings liegt der Ausbildungsschwerpunkt auf der Vermittlung inferenz- und korrelationsstatistischer Auswertungsmethoden und weniger auf deren angewandten Implikationen für Techniken und Verfahrensweisen der Informationsgewinnung in angewandten Feldern.

Eine Psychologieausbildung für Studenten der Betriebswirtschaftslehre sollte schließlich - Forschungstrends im Bereich der Wirtschaftspsychologie folgend - Seminare über ausgewählte Themen der Markt-, Betriebs- oder Organisationspsychologie enthalten. Ein entsprechendes Lehrangebot müßte hinreichend differenziert sein, um unterschiedlichen Interessen an einer Vertiefung allgemeinpsychologischen und methodischen Wissens Rechnung zu tragen. Es würde sich hier ebenfalls empfehlen, Veranstaltungen exklusiv für Wahlfachstudenten der Betriebswirtschaftslehre anzubieten, damit diese die Möglichkeiten und Grenzen einer Anwendung psychologischer Kenntnisse in der Berufspraxis besser reflektieren können und auch in der Lage sind, Situationen zu identifizieren, in denen die Zusammenarbeit mit Fachpsychologen unumgänglich ist. - Abgekoppelte Veranstaltungen über ausgewählte Themenbereiche der Wirtschaftspsychologie gibt es an der Universität Mannheim nicht. Zweistündige Seminare, die in jedem Semester angeboten werden, sind gleichzeitig Schwerpunktveranstaltungen für Hauptfachstudenten der Psychologie. Es ist nicht von der Hand zu weisen, daß eine derartige Ausbildungspraxis der Meinung Vorschub leistet, als ließen sich im Wahlfach alle die Psychologiekenntnisse erwerben, mit denen später auch Fachpsychologen in die Berufspraxis eintreten.

Perspektiven einer Psychologieausbildung für Studierende der Volkswirtschaftslehre

Wenn mit den vorangegangenen Ausführungen zu Problemen einer Psychologieausbildung für Wirtschaftsberufe einseitig auf Studium und Arbeitsfeld von Betriebswirten eingegangen wurde, so charakterisiert dies eine augenblickliche Situation an der Universität Mannheim, die keineswegs allgemeine Gültigkeit beansprucht. Studenten der Volkswirtschaftslehre scheinen hier jedoch - wenn überhaupt - eher am Verhalten von Großgruppen als am Verhalten von Individuen interessiert zu sein. Zumindest präferieren sie Soziologie als Wahlfachergänzung ihres Studiums und nicht Psychologie. Daß Kenntnisse über individuelles Verhalten in Zukunft jedoch auch für angehende Volkswirte wichtig sein könnten, zeigen empirische Forschungsarbeiten im Überschneidungsbereich von Volkswirtschaftslehre und Psychologie, die in den letzten Jahren an der Universität Frankfurt durchgeführt wurden. Dort beschäftigen sich Reinhard TIETZ, Professor für Volkswirtschaftslehre, und seine Mitarbeiter mit der Erklärung und Vorhersage von Verhandlungsprozessen bei Tarifkonflikten zwischen Arbeitgebern und Arbeitnehmern. In Laboruntersuchungen läßt TIETZ die Rolle entsprechender Großgruppenvertreter durch Studenten übernehmen, die er vor den Verhandlungen mit einer Vielzahl relevanter Informationen aus einer simulierten Volkswirtschaft versorgt. Trotz dieses hochkomplexen Situationskontextes können TIETZ und Mitarbeiter zeigen, daß das Verhandlungsverhalten der Kontrahenten in solchen Tarifauseinandersetzungen durch ein einfaches Anspruchsniveau-Anpassungsmodell erklärt werden kann (WEBER 1977). Darüber hinaus gelingt TIETZ der Nachweis, daß durch Kenntnis der individuellen Anspruchsniveaus von Verhandlungspartnern das Ergebnis einer Verhandlung mit über 90-prozentiger Treffsicherheit vorhersagbar ist (TIETZ 1976).

Inwieweit solche vereinzelten Forschungsinitiativen jedoch dazu beitragen können, eine Psychologieausbildung für angehende Volkswirte attraktiv(er) zu machen, bleibt abzuwarten.

LITERATUR

BERELSON, B. & STEINER, G.A. 1969. Menschliches Verhalten, Band 1: Forschungsmethoden/Individuelle Aspekte. Weinheim: Beltz.

CROTT, H.W. & MÜLLER, G.F. (Hrsg.) 1978. Wirtschafts- und Sozialpsychologie. Hamburg: Hoffmann & Campe.

DUNNETTE, M.D. (Ed.) 1976. Handbook of industrial and organizational psychology. Chicago: Rand McNally.

IRLE, M. (Hrsg.) 1979 in Vorbereitung. Handbuch der Psychologie, Band 12: Marktpsychologie. Göttingen: Hogrefe.

MAYER, A. (Hrsg.) 1978. Organisationspsychologie. Stuttgart: Poeschel.

NEUBERGER, O. 1976. Führungsverhalten und Führungserfolg. Berlin: Duncker & Humboldt.

ROSENSTIEL, L. v. 1973. Psychologie der Werbung. Rosenheim: Komar.

RUCH, F.L. & ZIMBARDO, P.G. 1974. Lehrbuch der Psychologie. Berlin: Springer.

TIETZ, R. 1976. Der Anspruchsausgleich in experimentellen 2-Personen-Verhandlungen mit verbaler Kommunikation. In: BRANDSTÄTTER, H. & SCHULER, H. (Hrsg.) ZEITSCHRIFT FÜR SOZIALPSYCHOLOGIE, Beiheft 2. Bern: Huber.

WEBER, H.-J. 1977. Zur Theorie der Anspruchsanpassung in repetitiven Entscheidungssituationen. ZEITSCHRIFT FÜR EXPERIMENTELLE UND ANGEWANDTE PSYCHOLOGIE 24, 649-670.

DISKUSSION IN DER ARBEITSGRUPPE "AUSBILDUNG IN PSYCHOLOGIE FÜR WIRTSCHAFTSBERUFE"

In seinem Einleitungsreferat hatte G.F. MÜLLER schon Erwartungen der Studenten angesprochen, die sie an ihre Ausbildung in Psychologie herantragen. In der Diskussion wurde über Erwartungen berichtet, die sich als recht problematisch erweisen können. Genannt wurden:

- Psychologie als "Lebenshilfe", also als ein Wissen, daß Menschen hilft, besser mit sich selbst zurechtzukommen.
- Psychologie als eine Art "Freiraum", in dem es in einer Weise, die sonst unsere Gesellschaft nicht bietet, möglich ist, sich auszusprechen und sich über emotional bedeutsame Erfahrungen auszutauschen. (Vielleicht wird diese Erwartung durch das folgende Verhalten der Teilnehmer einer Nebenfach-Veranstaltung ausgedrückt: Sie weigerten sich, an Tischen und Stühlen Platz zu nehmen und setzten sich statt dessen im Kreis Händchen haltend auf mitgebrachte Kissen.)
- Psychologie als Lehre vom Unbewußten, vom psychisch Abnormen und von der Psychotherapie, die Einblick gibt in geheimnisvolle Bereiche menschlichen Daseins.
- Psychologie als Instrument zur Manipulation: Man soll z.B. lernen, Kunden zu beschwatzen und Personal auszunützen. Eine solche Psychologie müsse bekämpft werden.

Die an letzter Stelle genannte Erwartung impliziert Mißtrauen, die anderen Erwartungshaltungen implizieren eher ein naives Vertrauen in die heilende Kraft der Psychologie und auch in ihre Möglichkeiten, Geheimnisvolles aufzuklären. In der Diskussion wurde die Vermutung geäußert, daß diese Erwartungen aus einer einseitigen Darstellung der Psychologie in der Öffentlichkeit resultieren. Sie wird dem Laien vorwiegend bekannt als klinisch orientierte Wissenschaft und

und Praxis.

In der Arbeitsgruppe wurden unterschiedliche Reaktionen von Psychologie-Lehrenden auf solche Erwartungshaltungen berichtet. Manche Lehrende konfrontieren die Studierenden mit einer in ihrer Sicht ganz anderen Psychologie, insbesondere mit Forschungsmethoden, z.B. in der Form von Statistik. Andere versuchen, den Erwartungen teilweise entgegenzukommen durch eine Art berufsspezifischer Lebenshilfe und bieten z.B. Motivationspsychologie an als eine Möglichkeit, Motivationsprobleme zu lösen, die mit der späteren Berufsrolle zu tun haben.

Berichtet wurde auch, daß eine Hinführung zu einem Interesse an Psychologie, das sich an den späteren beruflichen Aufgaben und Problemen orientiert, durchaus möglich ist. Allerdings sei das schwieriger bei Studierenden im Grundstudium, die noch keine klaren Vorstellungen von ihren späteren beruflichen Aufgaben haben. Dagegen sei es leichter bei Studierenden, die z.B. nach der Wahl eines Studienschwerpunktes schon mehr an berufspraktischen Problemen interessiert sind.

Die Diskussion von Lernzielen erbrachte die folgenden Ergebnisse:

- Wichtig ist vor allem, daß die Studierenden Theorien kennenlernen, die vielseitig anwendbar sind. Als Beispiele wurden genannt: Theorien, die generell die Wahl von Handlungen erklären. Sie werden manchmal als Handlungstheorien, manchmal als Entscheidungstheorien bezeichnet.
- Für Wirtschaftsfachleute, z.B. Betriebswirte, ist es auch wichtig, daß sie lernen, ihre beruflichen Probleme so zu formulieren, daß Psychologen sie erfassen können. Dieses Lernziel wurde noch allgemeiner formuliert: Fachleute unterschiedlicher Fächer lernen, miteinander zu reden und sich über ihre Probleme auszutauschen. Dazu gehöre auch die Bereitschaft und Fähigkeit, theoretische Annahmen des

eigenen Faches in der Umgangssprache darzustellen, ohne dabei ungenau zu werden.

- Als sehr wichtig wurde auch das folgende Lernziel bezeichnet: Studierende lernen, Entscheidungen mit Hilfe psychologischer Informationen vorzubereiten und zu treffen. Dazu gehört, daß sie lernen, Entscheidungen unter Unsicherheit zu treffen, d.h. aufgrund von Informationen, bei denen Klarheit darüber besteht, daß es sich um Annahmen handelt. Ein wichtiger Aspekt der Entscheidungsvorbereitung ist die Berücksichtigung von Nebenwirkungen.
- Nicht-Psychologen sollten auch erkennen, daß in manchen Fällen fachpsychologische Beratung und Mitwirkung zweckmäßig ist. Lernziel sei also auch die Weckung eines Bedarfs für fachpsychologische Beratung.

Bei der Diskussion von Kapazitätsproblemen wurde hervorgehoben, daß die Ausbildung von Nicht-Psychologen, also Nebenfach-Ausbildungen, eigene Lehrkapazitäten erfordert. Diese Ausbildung darf nicht einfach Anhängsel der Ausbildung von Psychologen sein. In diesem Zusammenhang wurde die Vermutung geäußert, daß es sich für Psychologie-Lehrkräfte auch deswegen lohnen würde, sich intensiver mit der Ausbildung von Nicht-Psychologen zu befassen, weil vermutlich in absehbarer Zeit dafür Lehrkapazitäten frei werden.

Als Aufgabe für die Sektionsleitung wurde formuliert: Den Bedarf für Nebenfach-Ausbildung zu ermitteln, um mit den so gewonnenen Informationen auf die Bedeutung der Nebenfach-Ausbildung und auf die Notwendigkeit, sie auszubauen, hinweisen zu können.

Bernhard Kraak

CARL GRAF HOYOS

UNTERRICHT IN PSYCHOLOGIE FÜR INGENIEURE UND ARCHITEKTEN

1. Gibt es Unterricht in Psychologie für Ingenieure und Architekten?

Angehende Ingenieure und Architekten hätten durchaus Gelegenheit, Veranstaltungen in Psychologie zu besuchen, da es an allen Technischen Universitäten der Bundesrepublik Deutschland Lehrstühle und Institute für Psychologie gibt. Die Mehrzahl dieser Ausbildungsstätten bildet Diplom-Psychologen aus; sie machen aber auch spezielle Angebote für Ingenieure und Architekten. Über diese Situation gaben eigene Erfahrungen und eine informelle und nicht vollständige Umfrage bei Kollegen an den Technischen Universitäten der Bundesrepublik Deutschland Auskunft (im Anhang in einer kleinen Übersicht zusammengestellt). Lehrangebote gibt es in folgenden Versionen:

- Veranstaltungen in Psychologie für Studierende mit dem Hauptfach Psychologie, die auch von Ingenieuren besucht werden können (z.B. Arbeits- und Betriebspsychologie);
- spezielle Angebote für Ingenieure und/oder Architekten (z.B. Ökologische Psychologie);
- Veranstaltungen im Rahmen von Sonderprogrammen und Aufbaustudiengängen.

Die Studierenden nehmen an solchen Veranstaltungen im Rahmen folgender Studienplanregelungen teil:

- Der Studienplan des Ingenieurstudenten enthält keinerlei Verpflichtung, Veranstaltungen in Psychologie zu besuchen. Der Besuch einer Veranstaltung wäre ganz freiwillig.

- Der Student soll außer seinem Pflichtpensum einige Veranstaltungen anderer Fächer nach Wahl besucht haben; dazu kann auch eine Veranstaltung in Psychologie gehören. Durch Empfehlungen der Fachvertreter kann Psychologie mehr oder weniger ins Spiel gebracht werden.
- Der Student soll im Rahmen eines Aufbaustudiums pflichtgemäß auch Veranstaltungen in Psychologie besuchen.

Gemessen an dem Umfang, in dem Psychologie angehenden Lehrern und Sozialarbeitern angeboten wird, ist der Psychologie-Unterricht für Ingenieure und Architekten kaum erwähnenswert. Auch wenn das Angebot durchaus passabel erscheint, die Nachfrage ist - abgesehen von den Aufbaustudiengängen - sehr gering.

Nicht berücksichtigt sind bei dieser Situationsschilderung die Fachhochschulen, die Ingenieure ausbilden. Entsprechende Daten müssen erst erhoben werden.

Sollte es zu einer größeren Nachfrage an Psychologie durch Ingenieurstudenten kommen, wofür es gegenwärtig wenig Anzeichen gibt, so würden Kapazitätsprobleme verschiedener Art entstehen. An einigen Orten zwingen die Bestimmungen der Kapazitätsverordnung auch jetzt schon zur Zurückhaltung im Anbieten von Veranstaltungen für Ingenieure und Architekten.

2. Unter welchen Zielsetzungen sollten Ingenieure und Architekten Unterricht in Psychologie erhalten?

Unter einer ganzen Anzahl möglicher Zielsetzungen erscheinen mir drei besonders wichtig und sollen hier besprochen werden:

1) Psychologie als Hilfe bei der Lösung verhaltenswissenschaftlicher Probleme, die sich in der Ingenieurtätig-

keit ergeben;

2) Psychologie als ein Fach im Rahmen von Aufbau- und Ergänzungsstudien;
3) Psychologie als Hilfe zur Verbesserung der Kommunikation und Zusammenarbeit.

Weitere Zielsetzungen wären: allgemeine Orientierung; Lern- und Studienhilfe.

2.1 Psychologie als Hilfe bei der Lösung verhaltenswissenschaftlicher Probleme in der Ingenieurtätigkeit

Erfreulicherweise werden auch von Ingenieuren mehr und mehr die verhaltenswissenschaftlichen Aspekte ihrer Tätigkeit gesehen. Was ist damit gemeint? Es ist dabei nicht an die Leitungstätigkeit gedacht, die von vielen Ingenieuren übernommen wird, wenn sie einen Betrieb oder ein Konstruktionsbüro zu leiten haben. Sie stehen dabei vor gleichen und ähnlichen Aufgaben wie Betriebswirte, Juristen, Behördenleiter usw. Psychologie der Führung ist daher kein ingenieur-spezifisches Thema.

Mit welchen verhaltenswissenschaftlichen Problemen der Ingenieur zu tun hat, erkennen wir am besten am Begriff des Mensch-Maschine-Systems, das zu entwerfen und zu betreiben sicher eine typische Aufgabe für Ingenieure ist. In einem Mensch-Maschine-System wirken Menschen und Maschinen bei der Erreichung des Systemzieles zusammen. Ein Werkzeugmacher an einer Drehmaschine ist ein Mensch-Maschine-System ebenso wie der Kran und Kranführer oder - auf einer Ebene höherer Komplexität - ein Kraftwerk mit seinem Bedienungspersonal. Zwar würde man sich als Psychologe wünschen, beim Entwurf der Systeme und bei der Gestaltung der "Schnittstellen" zwischen Mensch und Maschine zur Mitwirkung eingeladen zu werden; tatsächlich geschieht dies nur ausnahmsweise und auch

dann vielfach zu spät und nur konsultativ. Die Mensch-Maschine-Systeme, die wir in einem Betrieb vorfinden, oder die wir selbst benutzten, z.B. Transportsysteme, wurden von Ingenieuren entwickelt und realisiert, nicht immer besonders benutzerfreundlich. Aber schon heute fragen die Ingenieure nach "Gesetzen des Sehens", nach Kapazitäten zur Verarbeitung von Informationen, nach "Schwachstellen" beim Operateur u.a.m. Mit diesen Stichworten sind bereits Inhalte angedeutet, die für den Ingenieur zur Verbesserung seiner Arbeit von Interesse wären.
Anschauliche Beispiele für die Bedeutung verhaltenswissenschaftlicher Kenntnisse liefern die Projekte zur "Humanisierung des Arbeitslebens". Nach Jahren und Jahrzehnten des Vorherrschens arbeitsteiliger Produktionsverfahren ertönt nicht gerade allerorten, aber doch an vielen Stellen der Ruf nach "Arbeitserweiterung (job enlargement)", "Arbeitsbereicherung (job enrichment)", nach Gruppenarbeit, insgesamt nach "neuen Arbeitsstrukturen". In einer Reihe von Fällen wurde ein Stand des Reflektierens über Interessen, Bedürfnisse und Belastungen von Beschäftigten erreicht, der zu konkreten Maßnahmen drängt. Gruppendynamik, Neuerungsbereitschaft, Qualifikation, Konfliktpotential u.a. Begriffe gehören zum gängigen Vokabular der Gestalter "neuer Arbeitsstrukturen".

Das Betriebsverfassungsgesetz von 1972 fordert ausdrücklich die Beachtung und Berücksichtigung "gesicherter arbeitswissenschaftlicher Erkenntnisse" für die Gestaltung der Arbeit. Was immer man auch unter "gesicherten arbeitswissenschaftlichen Erkenntnissen" verstehen mag, es gibt einen Auftrag des Gesetzgebers, andere als traditionell ingenieurwissenschaftliche Erkenntnisse heranzuziehen, wenn man ein Arbeitssystem entwickelt. Der hierin liegende Ausbildungsauftrag wurde von den Arbeitswissenschaftlern erkannt. Die Psychologie ist in diesen Ansatz zu integrieren; wie dies geschehen soll, kann hier nicht im einzelnen erörtert werden (vgl. dazu aber die Vorschläge des NATO-Symposiums über "University Curricula in Ergonomics", BERNOTAT & HUNT 1977).

Nun haben wir es bei den genannten Problemfeldern mit Entwicklungen in und aus der betrieblichen Praxis zu tun. Wie kann dies mit den Unterrichtsbedürfnissen eines Ingenieurstudenten in Einklang gebracht werden, welche Lernziele sollte man ihm vorgeben?

Ingenieurstudenten haben gewöhnlich einen sehr gedrängten Stundenplan; sie sollen ja verhaltenswissenschaftliche Probleme auch nicht lösen, sondern nach Möglichkeit Vertreter anderer Disziplinen heranziehen. Daher sollte der Psychologie-Unterricht eine <u>Orientierung</u> bieten, zu einem Denken in verhaltenswissenschaftlichen Begriffen befähigen und die Querverbindungen der Fächer deutlich machen, die bei der Lösung einschlägiger Probleme zu beachten sind. Lehr<u>inhalte</u> wurden oben - andeutungsweise - genannt. Ein vollständiger Katalog wird in 3. wiedergegeben. Wie deutlich geworden sein dürfte, sollte und darf sich ein Psychologieunterricht nicht auf ingenieur- und arbeitspsychologische Themen beschränken. Verhaltenswissenschaftliches Denken kann z.T. besser an allgemeinpsychologischen, ja durchaus an alltagspsychologischen Problemen gelernt werden. Maßnahmen der Arbeitsstrukturierung zwingen zur Beschäftigung mit sozialpsychologischen Befunden, insbesondere solchen zur Gruppendynamik. Alles in allem: das Unterrichtsprogramm sollte eher weitergesteckt als zu eng angelegt sein.

An dieser Stelle sollten die Architekten noch besonders erwähnt werden. Sie äußern selbst gelegentlich den Wunsch nach Veranstaltungen in Psychologie (und Soziologie); was ihnen geboten werden soll, läßt sich heute noch nicht klar sagen. Seit einigen Jahren gibt es eine Architektur-Psychologie, aber es ist zweifelhaft, ob mit den Inhalten dieses Anwendungsgebietes den Architekten genügend geboten wird. Möglicherweise verleitet ein so anwendungsbezogenes Gebiet zu rezeptartiger Verwendung von Ergebnissen und damit zu einer praktizistischen Einstellung gegenüber den Aufgaben des Architekten selbst. Nach unseren Erfahrungen stoßen Themen der Umweltpsychologie auf relativ großes Interesse, so z.B. Fragen des Eigenraumes, des Territoriums, der Privatsphäre und Öffentlichkeit, Umweltwahrnehmung, behavioral settings, u.ä. Themen.

2.2 Psychologie als Fach im Rahmen von Aufbau- und Ergänzungsstudien

An den Technischen Universitäten gibt es Ergänzungs- und Aufbaustudien verschiedener Art, darunter solche mit arbeitswissenschaftlicher oder ergonomischer Ausrichtung. In diesen Programmen erwirbt der Student eine Zusatzausbildung, die ihn für bestimmte Tätigkeiten qualifizieren soll, z.B. Arbeitsgestaltung, Arbeitsvorbereitung, Qualitätskontrolle, Arbeitsorganisation, Arbeitsschutz und Arbeitssicherheit, die offensichtlich einen Schwerpunkt auch im verhaltenswissenschaftlichen Bereich haben. Entsprechende Studienpläne sehen Veranstaltungen in Ergonomie, Arbeitspsychologie, Betriebspsychologie und in anderen Gebieten vor. In diese Ausbildungen kann die Psychologie, wie die Programme zeigen, unschwer eingebracht werden. Die Lernziele sind weiter gesteckt, d.h. psychologische Kenntnisse müssen mehr ins Detail gehen, denn sie sollen auch angewendet werden können, ja man erwartet vom Arbeitswissenschaftler und/oder Ergonomen auch Forschungstätigkeit.

Die Ausbildungsprogramme für solche Aufbaustudien sind - wenigstens der Idee nach - interdisziplinär angelegt, d.h. der Student soll sich eine Handlungskompetenz erwerben, die auf den Wissensbeständen unterschiedlicher Disziplinen basiert, die wiederum in geeigneter Weise miteinander verknüpft sein müssen. Mein Eindruck ist: Diese Aufgabe wird dem Studenten aufgebürdet; von den Fachvertretern selbst wird wenig zu dieser Integration getan. Hier liegen noch wissenschaftstheoretische und hochschuldidaktische Bemühungen in Hülle und Fülle vor uns. Was uns aber mehr auf den Nägeln brennen sollte, ist der Mangel an übergreifenden Betrachtungsweisen in der Psychologie selbst, insbesondere in der Arbeitspsychologie, der beim Studenten ein verkürztes Bild der Disziplin erzeugen muß. Als Beleg diene ein Zitat aus HACKERs "Allgemeine Arbeits- und Ingenieurpsychologie" (1973, S. 31): "Die Arbeitspsychologie wurde in der Vergangenheit fast ausschließlich betrachtet als eine 'angewandte' Disziplin praktizistischen Zuschnitts, mit unzureichendem theoretischem Fundament und ohne lebendige Wechselbeziehungen zu den sog. Grundlagendisziplinen - etwa zur Allgemeinen Psychologie, Persönlichkeitspsychologie oder in jüngster Zeit zu einer kybernetischen Psychologie. Nicht wenige Vertreter der Arbeitspsychologie engten ihr Arbeitsfeld auf einen engen Spielraum zwischen Eignungsermittlung und Bewegungsstudium ein."

2.3 Psychologie als Hilfe zur Verbesserung der Kommunikation und Zusammenarbeit

In einem Humanisierungsprojekt der Elektroindustrie sollen Tätigkeiten aus den Bereichen Montage und Teilefertigung nach neueren Erkenntnissen umgestaltet werden. Dazu wurde vom Betrieb selbst in Zusammenarbeit mit den Begleitforschern ein Entwurf erarbeitet, Umgestaltungen werden durchgeführt und sollen abschließend bewertet werden. Einer der Begleitforscher bestand darauf, experimentelle Eingriffe nach einem ausgefeilten Versuchsplan durchzuführen, um Hawthorneffekte kontrollieren und Nebenwirkungen erkennen zu können. Dieses Ansinnen bereitete den Betriebsleuten größte Schwierigkeiten, jedoch haben sie schließlich mitgemacht. Diese Einigung gelang erst, nachdem eine Menge Mißverständnisse ausgeräumt worden waren. So sind Verständigungsschwierigkeiten zwischen Psychologen und Ingenieuren, ebenso wie z.B. zwischen Soziologen und Ingenieuren, ein weitverbreitetes Phänomen.

Hier sehe ich nun ein anderes und m.E. noch kaum betretenes Feld eines Psychologie-Unterrichts für Ingenieure, aber auch für Vertreter anderer Disziplinen: Vermittlung von Kommunikationsfertigkeiten und Befähigung zur Teamarbeit. Auch wenn wir anstreben, den Ingenieuren psychologisches Denken schon im Studium nahezubringen, so werden wir doch noch auf lange Sicht mit Ingenieuren zusammentreffen, die eine solche Zusatzausbildung nicht genossen haben. Umgekehrt erscheint es utopisch, den angehenden Psychologen Themen der Ingenieurwissenschaften in ausreichendem Umfang nahezubringen. So wird die Zusammenarbeit von Ingenieuren, Physiologen, Psychologen, Soziologen, und besonders die vorausgehende Verständigung dieser Fachvertreter selbst zum Ausbildungsgegenstand. Die Psychologie sollte am ehesten in der Lage sein, die Kommunikationsfähigkeit zu fördern. (Eine Veranstaltung über Kommunikationstraining wird in Braunschweig angeboten, siehe Anhang).

Eine gewisse Variante zu dieser Zielsetzung hat FRANKE (1973) angesprochen, als er in einem Beitrag für Städteplaner einen Dialog zwischen Planer und Nutzer anregte: "Den größtmöglichen Ertrag könnte die in der Praxis noch recht zurückhaltend benutzte neue Informationsquelle der Nutzerbefragung dann bieten, wenn aus Frage, Antwort und Auswertung ein Dialog werden würde, in dem die Planer nach der Verarbeitung der Auswertung neue Fragen stellen können und sich so ein Gespräch mit wechselseitiger Steuerung der Partner ergibt. Wie sich im Gespräch des Architekten mit dem Bauherrn aufgrund der ersten über die angestrebten Ziele hinausgehenden Informationen neue Vorstellungen bilden, die durch Fragen und Antworten allmählich immer klarer werden, so wäre auch für die Befragung der Nutzer der Dialog das Ideal." Von diesem Gedanken ausgehend könnte man Kommunikation zwischen Technikern und Nutzern in verschiedensten Bereichen zum Gegenstand von Ausbildung machen.

3. Wie soll ein Programm für den Psychologie-Unterricht für Ingenieure aufgebaut sein?

Die Erörterung der Zielsetzungen für den Psychologie-Unterricht für Ingenieure gab schon Gelegenheit, auf Lehrinhalte einzugehen, jedoch fehlt noch eine systematische Übersicht über ein tatsächliches oder denkbares Programm. Im März 1976 fand in Berchtesgaden ein NATO-Symposium über "University Curricula in Ergonomics" statt. Ziel der Veranstaltung war, Ausbildungsprogramme in Ergonomie für verschiedene Gruppen und für verschiedene Zielsetzungen zu entwerfen und als Empfehlung zu veröffentlichen. Der Bericht erschien 1977 (BERNOTAT & HUNT). Die in dieser Broschüre festgehaltenen Programme sind für unsere Zwecke durchaus instruktiv, weil die Ergonomie eine Menge mit Psychologie zu tun hat.

Auf dem Symposium wurden sechs Programme entwickelt, von denen zwei für Vollergonomen gedacht sind, drei als Orientierungsprogramm für Physiologen, Psychologen und Ingenieure (s. die Abbildung auf der nächsten Seite).

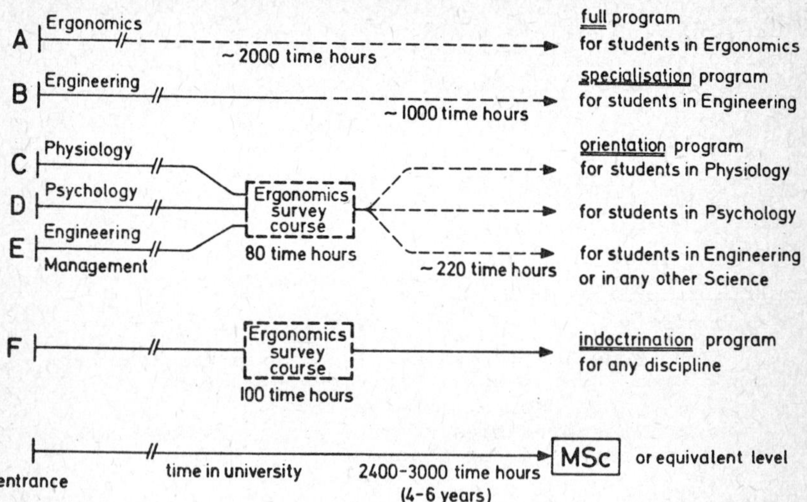

Sechs Ausbildungsprogramme in Ergonomie/human factors nach den Empfehlungen des Symposiums "University Curricula in Ergonomics" (die gestrichelte Linie gibt den Teil des Programms an, der auf die Ergonomie entfällt)
(aus BERNOTAT & HUNT 1977)

Das Orientierungsprogramm wiederum enthält einen "Ergonomics Survey Course", der als Beispiel für ein gutes integriertes Programm wiedergegeben werden soll (BERNOTAT & HUNT 1977, S. 34-38):

> "As indicated earlier an Ergonomics Survey Course is part of programs C, D, E and F. This course with 80 hours is described in detail below. ......
> The Ergonomics Survey Course may be organized and presented as one or two courses, but the material specified is seen as a necessary minimum for a general survey of the field of ergonomics or human factors.

The Course

Summary of the time hours	hours
Functional anatomy	8
Applied human physiology	16
Psychophysiology	18
Psychology	7
Ergonomics	13
Technology and management	18
	80

Functional Anatomy

Anthropometry (L & P - 4 hours)

Lecture: Body landmarks, static dimensions, angular movements, reach, anthropometric techniques, reference data, sources of variation.
Problems: use of tables for specific requirements, actual measurement for abnormal subjects.

Biomechanics (L & P - 4 hours)

Lecture: Relation of body posture to force and/or precision of movement, posture, comforts, equilibrium, prehension and manipulation, movement analysis, amplitude, speed, coordination.
Problems: optimizing comfort angles for various types of seated work.

Applied Human Physiology

Muscular work (L & P - 6 hours)

Lecture: General and local muscular work, dynamic and static work, neural control, energy expenditure, circulatory and respiratory adjustment, assessment of work load, ergonomic design for heavy and/or fine muscular work.
Problems: muscular work load measurement, job description.

Thermal environment (L & P - 4 hours)

Heat exchange, physical laws and meteorology, body temperature and regulation, physiology of the clothed body, comfort, heat or cold, stress and strain, climatic engineering, indirect protective devices, acclimatization, trauma, climate and performance.

Low and high pressures (L & P - 3 hours)

Hypoxia and hyperoxia, altitude adaptation, physical and psychological effects of high and low pressures, ventilatory strain and limits to muscular work, decompression.

Vibration and shock (L & P - 3 hours)

Measurement of shock: amplitude and acceleration. The body as a system of suspended masses, perception of vibration, neuromuscular and unconscious responses of the nervous system, pathology, effects on psychomotor performance, protective cinematics, mechanics and effects.

Psychophysiology

Hearing and noise (L & P - 6 hours)

The evaluation of acoustical energy, pressure and perception, noise, subjective intensity, noise rating, speech interference, audiometry, fatigue, hearing loss indices, protective devices, acoustical engineering.

Vision and lighting (L & P - 7 hours)

Light energy, the eyes as optical systems, neurophysiology of vision, perception, search, light sources, contrast, glare, flicker, illumination engineering, defects, protection and correction.

Perception and vigilance (L & P - 2 hours)

Arousal, waking, vigilance, sleep, attention, perception, cross-modal facilitation, inhibition of competition, perception of space and objects.

Circadian rhythms (L & P - 3 hours)

Rhythm pacers, phase and amplitude of periodic variations in shift work, phase shifts, optimization, epidemiology of time shift and associated disorders.

Psychology

Mental activities (L & P - 3 hours)

Decisions, memory, learning, signs and symbols, language, discrete and serial activities, monitoring and inspection tasks, quality or conformity control.

Information input (L & P - 2 hours)

Formal and informal signals, sensory input, integration and display of signals, optimization of non-formal signals.

Individual differences (L & P - 2 hours)

Physiological and psychological variability, sources, limits, measurement techniques, descriptive techniques.

Ergonomics

Controls (L & P - 2 hours)

Types, remote controls, displacement, force, acceleration, sensory, feedback, spatial organization, compatibility, sterotypes.

Work study

Sampling, observation, photographic recording, time and motion analysis, function analysis, job evaluation, critical incidents, synthetic work-load assessments.

Industrial buildings (L & P - 4 hours)

Workspace: tri-dimensional requirements; individual; circulation; general production unit, climatic, acoustic, and illumination engineering, pollution control, communication aspects.

Team performance (L & P - 3 hours)

Group decisions and techniques for resolution, group dynamics, effective team membership.

Technology and Management

Work systems (L & P - 2 hours)

Integration of individuals and subsystems into a total system, partial function conflicts, man and machine reliability.

Labor and business (L & P - 2 hours)

Management and labor, the company: social systems; business economics; technical constraints; institutional and legal features; multinational firms and markets.

General technology (L & P - 5 hours)

Tools and machines, processes, main types of technical layouts, subsystems: mechanical, hydraulic, electric, civil, aeronautical systems.

Industrial safety (L & P - 4 hours)

Accident sources, safety vs. reliability and productivity, ergonomic model of safety, multifactor interactive system, involving man, equipment, organization, environment, culture, biotechnology of protective devices.

Work design (L & P - 3 hours)

Design of technical objects, production processes, systems, and buildings, reading blueprints, conforming to standards, writing of requirements and regulation.

Communication skills (L & P - 2 hours)

Organizational material, assessing significance of evidence, oral and written communication in report form."

Die Psychologie tritt mit und neben Physiologie, Ergonomie usw. auf. Das ist eine realistische Situation, denn ein humanwissenschaftliches Orientierungsprogramm für Ingenieure wird kaum Psychologie als einziges Fach enthalten.

4. Was sollte Psychologie-Unterricht für Ingenieure nicht behandeln?

Nach einer Reihe von Gedanken und Vorschlägen zum Psychologie-Unterricht für Ingenieure könnte man sich, das Bisherige kontrastierend, fragen, was man nicht bringen sollte. Grundsätzlich ist dazu zu sagen: Wir betreiben - im Gegensatz zu einer verbreiteten Meinung - keine Geheimwissenschaft. Unsere Erkenntnisse sind frei zugänglich. Es gibt aber genügend Beispiele für den Mißbrauch psychologischer Erkenntnisse und Methoden.

Aus solchen Erfahrungen heraus wird man zögern, Ingenieure in Befragungstechniken und Testverfahren einzuweisen, überblicken doch Ingenieure selten die Randbedingungen und Konsequenzen von Datenerhebungen, die über elementare Leistungsmessungen in Mensch-Maschine-Systemen hinausgehen. In gleicher Weise problematisch sind die Versuche zur Interpretation solcher Daten. Wenn einer Zurückhaltung beim Training in psychologischer Methodik das Wort geredet wird, so zeigt sich darin natürlich eine generelle Skepsis gegenüber Versuchen von Ingenieuren, psychologische Untersuchungen auf eigene Faust durchzuführen. Vielmehr sollte der Psychologie-Unterricht auf eine Bereitschaft hinwirken, die Psychologen zu gegebener Zeit hinzuzuziehen.

ZUSAMMENFASSUNG

Unterricht in Psychologie für Ingenieure gibt es in der Bundesrepublik Deutschland nur in minimalem Umfang. Zwar werden an den Technischen Universitäten und Hochschulen zum Teil spezielle Veranstaltungen angeboten, zum Teil könnten Ingenieurstudenten an Veranstaltungen für Psychologen teilnehmen, jedoch ist die Nachfrage gering.

In einigen Aufbaustudien ist die Teilnahme an Psychologie-Veranstaltungen obligatorisch. Unterricht in Psychologie sollte mit folgenden Zielsetzungen betrieben werden:

1. Psychologie als Hilfe bei der Lösung verhaltenswissenschaftlicher Probleme, die sich in der Ingenieurtätigkeit ergeben;
2. Psychologie als ein Fach im Rahmen von Aufbau- und Ergänzungsstudien;
3. Psychologie als Hilfe zur Verbesserung der Kommunikation und Zusammenarbeit.

Unter der Zielsetzung wäre eine Einübung in verhaltenswissenschaftliches Denken und eine Orientierung über wichtige Ergebnisse anzustreben; in Aufbaustudien sind explizite Kenntnisse zu vermitteln und Anwendungen zu ermöglichen. Die dritte Zielsetzung betrifft eine allgemeine Schwierigkeit interdisziplinärer Zusammenarbeit, die aber in Bezug auf Psychologie und Ingenieure besonders gravierend ist. Mit diesem Ausbildungsziel würde man Neuland betreten. Für ein Verzeichnis von Lehrgegenständen im Psychologie-Unterricht für Ingenieure bietet der Abschlußbericht des NATO-Symposiums "University Curricula in Ergonomics" wertvolle Anregungen. Ein "Ergonomics Survey Course" wird mitgeteilt. Abschließend werden einige Punkte genannt, die besser nicht behandelt werden sollten.

LITERATUR

BERNOTAT, R. & HUNT, D.P. 1977. University Curricula in Ergonomics. Meckenheim: Forschungsinstitut für Anthropotechnik.

FRANKE, J. 1973. Das dialogische Kommunikationssystem als Weiterentwicklung der Nutzerbefragung zur Realisierung einer funktionsgemäßen Nutzerbeteiligung. ARBEITSBERICHTE ZUR PLANUNGSMETHODIK 7, 39-44.

HACKER, W. 1973. Allgemeine Arbeits- und Ingenieurpsychologie. Berlin: VEB Deutscher Verlag der Wissenschaften.

ANHANG

Unterricht in Psychologie: die Situation an den Technischen Universitäten und Hochschulen der Bundesrepublik Deutschland*
(es besteht kein Anspruch auf Vollständigkeit)

- - - - - - - - -

TU Aachen	keine speziellen Veranstaltungen für Ingenieure und Architekten; Teilnahme von Ingenieurstudenten an Veranstaltungen für Psychologiestudenten.
TU Berlin	Verpflichtung, für Bergbaustudenten Arbeits- und Betriebspsychologie anzubieten, die aber an den regulären Veranstaltungen teilnehmen. Ingenieure haben die Möglichkeit, Psychologie als Wahlfach zu nehmen. Insgesamt keine speziellen Lehrveranstaltungen.
TU Braunschweig	Seminar für Verkehrstechniker und Architekten. Ausbildungsring "Angewandte Arbeitswissenschaften" zusammen mit den Professoren Kirchner und Hentze. Neben Grundveranstaltungen Behandlung z.B. folgender Themen: Kommunikationstraining, Personalförderung, Organisationspsychologie, technische und psychologische Arbeitssicherheit, Humanisierung. Ingenieure haben die Möglichkeit, Psychologie als Wahlfach zu hören.
TH Darmstadt (vor Besetzung einer Professur f.Organ.Psychol.)	keine speziellen Veranstaltungen für Ingenieure und Architekten. Einige Studenten besuchen die Betriebspsychologie für Gewerbelehrerstudenten.
TU München	Für Ingenieure und Architekten werden regelmäßig angeboten: Sozialpsychologie, Organisationspsychologie, Ökologische Psychologie (besonders für Architekten). Einige Richtungen des Ing. Studiums haben die Möglichkeit, Psychologie als Wahlfach zu nehmen. Ergonomie

	für Studierende des Arbeits- und Wirtschaftswissenschaftl. Aufbaustudiums obligatorisch.
U Stuttgart	Psychologie wird, soweit es Ingenieure betrifft, im Rahmen der Studiengänge "Berufspädagogik" und "Informatik" (dort als Wahlfach) angeboten. Für diese Studenten und Studierende des Lehramts wird ein 4-semestriger Vorlesungszyklus (u.a. Arbeits- und Betriebspsychologie), ein Methodenpraktikum und verschiedene Seminare angeboten.

*Den Kollegen Prof.'s Erke, Eyferth, Feger, Hoeth, Oswald sei herzlich für ihre Mithilfe gedankt.

EBERHARD TODT

PSYCHOLOGIE-UNTERRICHT IN DER SEKUNDARSTUFE II

Zum Psychologie-Unterricht in der reformierten Oberstufe des Gymnasiums nahm der Vorstand der Deutschen Gesellschaft für Psychologie 1975 eindeutig Stellung:

> "Er (der Vorstand) begrüßt nachdrücklich die Einführung des Schulfaches Psychologie" (Psychologische Rundschau 1975, 26, S. 72)

Abgesehen von Vorbildern im Ausland führt eine Abwägung der Argumente, die für und die gegen die Einführung dieses Faches sprechen, zu einem eindeutigen Übergewicht der pro-Argumente. Gegen die Einführung des Faches als Angebot zur Schwerpunktbildung sprechen eigentlich keinerlei grundsätzliche Argumente, sondern lediglich Argumente, die eng mit folgenden Mangelzuständen verbunden sind:

- Es fehlt noch an einer soliden Ausbildung von Lehrern für dieses Fach.
- Es fehlt noch an ausgearbeiteten Curricula für dieses Fach.

Auf diese beiden Problemkreise soll im folgenden vor allem eingegangen werden. Dabei wird von Erfahrungen ausgegangen, die wir seit etwa 1970 in Gießen gesammelt haben. Da diese Erfahrungen recht vielfältig sind, ist zu hoffen, daß sie sich übertragen lassen.

Zunächst soll der Problemkatalog etwas differenziert und ergänzt werden. Nach einer Ordnung der Probleme sollen dann einige Lösungsvorschläge konkretisiert werden.

Probleme des Psychologie-Unterrichts in der Sekundarstufe II

1. In der Erwartungshaltung der wählenden Schüler wird Psychologie mit Marginalphänomenen des Faches (Sexualpsychologie, Psychologie abweichenden Verhaltens, Psychopathologie ...) in Beziehung gebracht. Hilfe zur Selbsthilfe und Befähigung zum Durchschauen und Beeinflussen anderer wird vom Psychologie-Unterricht erwartet.

2. In der Erwartung der n.c.-geplagten Schüler ist Psychologie als leichtes Fach repräsentiert: Es ist für diese Schüler ein Lernbereich, in dem man - an eigenen Interessen orientiert - ohne große Anstrengung viele Punkte (d.h. gute Noten) erzielen kann. Es ist damit auch ein Fach für Abwähler anspruchsvollerer Lernbereiche.

3. Didaktische Überlegungen (zur didaktischen Reduktion, zur Lernziel-Begründung usw.) sind in der Psychologie für einen Unterricht in der Sekundarstufe II bisher kaum angestellt bzw. kaum veröffentlicht worden. Bisher hat man den Eindruck: Psychologie in der Sekundarstufe II ist der Tendenz nach:

   - die Vermittlung eines quantitativ reduzierten Vordiplomstoffes

     oder

   - ein relativ offener (gruppendynamisch orientierter) Projektunterricht.

4. Methodische Überlegungen sind bisher ebenfalls kaum veröffentlicht worden. Man vermißt die Anwendung der in der Unterrichtsforschung postulierten bzw. erarbeiteten psy-

chologischen Prinzipien des Lehrens auf das eigene Fachgebiet.

5. Die Zuordnung von Lernzielen und Lehrinhalten ist in den veröffentlichten Rahmenplänen für den Psychologie-Unterricht ebenso willkürlich und damit ebenso nichtssagend wie in den Rahmenplänen anderer Fächer.

   Eine der unangenehmen Folgen ist, daß sowohl die Lernziele als auch die Stoffpläne im allgemeinen allzu anspruchsvoll sind.

6. Angemessenes Arbeitsmaterial (Bücher, Arbeitsblätter, Filme, Geräte usw.) fehlt weitgehend auf dem Markt. Ausgearbeitete und flexibel einsetzbare Unterrichtseinheiten sind rar.

7. Die Optik, unter der Psychologie als nicht-etabliertes Kursfach und als in der Öffentlichkeit von jedermann vertretbares Fachgebiet von Schülern, Lehrern, Schulbehörde und Eltern gesehen wird, erscheint oft schief - zumindest aber nicht angemessen genug.

   Fast jeder meint, er könne kompetent bestimmen, was Psychologie sei und wie Psychologie gelehrt werden solle.

8. Eine angemessene Ausbildung für Psychologielehrer gibt es bisher fast nirgends. Bei einer eigenen kürzlich in der Bundesrepublik Deutschland durchgeführten Befragung gaben von 51 Instituten (bzw. Fachbereichen) 42 an, keinerlei Studienordnung für den Erwerb der facultas in Psychologie zu besitzen. Vier Institute gaben an, eine solche Ordnung zu besitzen, fünf Institute antworteten nicht.

   Die meisten Institute gaben zudem zu erkennen, daß sie keine derartige Ordnung planten.

Die mächtige Ausdehnung der Hauptfachausbildung in Psychologie in den letzten Jahren und die unsichere Stellung der Psychologie als Kursfach in mehreren Bundesländern hat vermutlich in erster Linie dazu geführt, daß sich bisher die wenigsten Institute bzw. Fachbereiche für Psychologie der oben angeführten Probleme bewußt geworden sind und begonnen haben, an ihrer Lösung zu arbeiten.

Geht man an die Lösung der angeführten Probleme heran, so erscheint ein kurzer Problemaufriß nützlich zu sein. Dieser könnte etwa so aussehen:

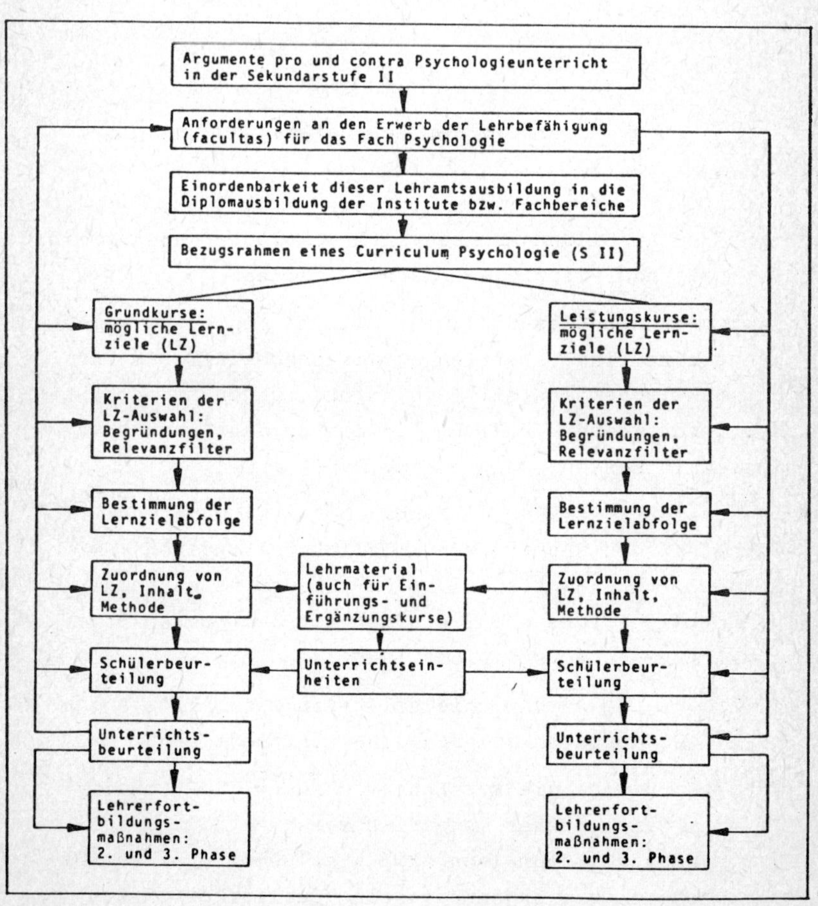

Wenigstens einige dieser Probleme sollen im folgenden behandelt werden, und zwar

- die Anforderungen an den Erwerb der Lehrbefähigung für das Fach Psychologie,
- die Einordenbarkeit dieser Lehramtsausbildung in die Diplomausbildung,
- der Bezugsrahmen eines Curriculums Psychologie,
- die Veränderungen einer Leistungskurskonzeption in den Jahren 1970 bis 1978,
- eine Unterrichtseinheit für einen fortgeschrittenen Leistungskurs.

Anforderungen an den Erwerb der Lehrbefähigung für das Fach Psychologie

In der ersten Ausbildungsphase von Psychologielehrern sollten u.a. folgende Prinzipien beachtet werden:

- Die Anforderungen des Studiums sollten mit ca. 80 Semesterwochenstunden (incl. "erziehungswissenschaftlichem" und "fachdidaktischem" Anteil) den Anforderungen für das Studium anderer Fächer (z.B. Biologie) für das Lehramt an Gymnasien in Hessen entsprechen.
- Das Lehrangebot der Fachbereiche sollte - wegen der vermutlich geringen Nachfrage - möglichst weitgehend im Lehrangebot für Hauptfach-(Diplom-)Studenten enthalten sein. Aber es sollte nicht einfach mit dem ersten Studienabschnitt (bis zum Vordiplom) identisch sein.
- Die Pädagogische Psychologie sollte in speziellen Angeboten die Anforderungen an "Fachdidaktik" abdecken.
- Die Staatsprüfung, die zur Lehrbefähigung in Psychologie führt (und ein weiteres Unterrichtsfach enthält), sollte in einem Zusatzstudium (von etwa vier Semestern) zum Diplom in Psychologie ergänzbar sein (Qualifikation zum

Schulpsychologen). Hier ergeben sich allerdings Probleme, wenn das Lehramtsstudium nicht mit dem Hauptfachstudium vor dem Vordiplom identisch ist.

Ein Diskussionsvorschlag aus dem Fachbereich Psychologie der Universität Gießen enthält folgende, in das künftige Lehrangebot für das Diplomstudium weitgehend integrierbare Anforderungen:

Fach	Semesterwochenstunden in Arten von Veranstaltungen		Summe der Semester-Wochenstunden
	Vorlesungen	Übungen Praktika Seminare	
Allgemeine Psychologie (Wahrnehmung, Lernen, Denken, Motivation)	16	7	23
Entwicklungspsychologie	4	6	10
Sozialpsychologie	5	5	10
Persönlichkeitspsychologie	1,5	1,5	3
Methodik	1	7	8
Sinnesphysiologie	2		2
diagnostische und verhaltensmodifikatorische Methoden	7	2	9
Pädagogische Psychologie (incl. Fachdidaktik)	4	11	15
			80

Diese Aufstellung ist - wegen der gebotenen Kürze - sehr formal und gibt gewiß auch Anlaß zu Mißverständnissen. Die Konkretisierung der Übersicht erforderte aber die Darstellung des gesamten (derzeit in den zuständigen Gremien noch diskutierten) Studienplanes des Fachbereichs Psychologie der Universität Gießen.

Die Übersicht zeigt jedoch, daß

- der so Ausgebildete auf einen wissenschaftsorientierten Psychologie-Unterricht in der Sekundarstufe II vorbereitet werden soll (vgl. dazu unten die Ausführungen zu der in Gießen entwickelten Konzeption eines solchen Unterrichts);

- der Persönlichkeitspsychologie, den diagnostischen und den therapeutischen Methoden - aber auch der statistischen Methodenlehre - ein geringeres Gewicht gegeben wird als im Diplom-Studiengang;
- der Pädagogischen Psychologie in dieser Ausbildungskonzeption neue (fachdidaktische) Aufgaben zugedacht sind;
- bestimmte Bereiche (Angewandte Psychologie, Psychopathologie, speziellere methodische Veranstaltungen) ganz ausgelassen sind.

Gewiß ließe sich über gewisse Schwerpunktverlagerungen diskutieren. Es muß aber berücksichtigt werden, daß bei einem auf 80 Semesterwochenstunden angelegten Studium etwa die Hälfte des im Diplom-Studiengang (etwa an der Universität Gießen) vorgesehenen Ausbildungsangebots entfallen muß.

Bezugsrahmen eines Curriculum Psychologie

Ein Psychologie-Curriculum kann nicht im "luftleeren" Raum entwickelt werden. Es hat zumindest folgenden Bezugsrahmen zu berücksichtigen:

1. Gesetzliche Bestimmungen, Ordnungen und Erlasse
   Zum Beispiel Hessen: Gesetz vom 21. Juni 1977 Ausführungsbestimmungen (Bildungswege in Hessen, Sonderheft für Schüler, Gymnasiale Oberstufe: 1. Juni 1978).

2. Ausstattung der Normalschule mit Arbeitsmaterial (Fachbücher, TV-Anlagen, Tonbandgeräte, Geräte für psychologische Experimente usw.).

3. Curricula anderer Kursfächer
   (zum Beispiel Biologie, Pädagogik, Soziologie, Gesellschaftslehre ...) der Sekundarstufe II: Anforderungsniveau, Unterrichtsmethode und Beurteilungspraxis des

Psychologie-Unterrichts sollten in einer angemessenen Beziehung zu anderen Kursfächern stehen.

4. Integrations-(Kooperations-)möglichkeiten mit anderen Kursfächern der Sekundarstufe II. Die Psychologie eröffnet vielfältige Kooperationsmöglichkeiten mit Kursfächern wie Biologie, Pädagogik, Philosophie, Soziologie, Gesellschaftslehre, Religion u.a. Die Möglichkeiten sollten genutzt werden.

5. Überregionale Konsensfähigkeit des Curriculum
Modellversuche zur Erprobung neuer Curricula dürften gerade in naher Zukunft wichtige Quellen der Erfahrung sein. Dennoch wird Psychologie um so wahrscheinlicher akzeptiertes Kursfach der Sekundarstufe II werden, je konsensfähiger die für es entwickelten curricularen Ansätze sind.

6. Ausbildungsvoraussetzungen der Lehrenden
Wie in anderen Kursfächern der Sekundarstufe II wird sich ein Psychologie-Curriculum nicht an den Ausbildungsvoraussetzungen eines Lehrenden orientieren können, der Psychologie nur im Nebenfach - oder in einem Ergänzungsstudium studiert hat. Der Psychologie-Lehrende sollte (inclusive fachdidaktischer und grundwissenschaftlicher Veranstaltungen) etwa 80 Semesterwochenstunden Psychologie studiert haben und in seiner Referendarzeit fachlich betreut worden sein.

7. Stand der Psychologie als Wissenschaft
Ebenso wie andere Kursfächer der Sekundarstufe II kommt das Fach Psychologie nicht an einer Orientierung an der wissenschaftlichen Entwicklung des Faches vorbei. Das gilt auch dann, wenn der Schwerpunkt des Curriculums auf den Interessen der Schüler oder auf der Berufsvorbereitung liegt.

8. Mögliche Anwendungen der Psychologie
Psychologie als Kursfach in der Sekundarstufe II hat ähnlich wie Biologie und Pädagogik eine Vielzahl von

unmittelbaren und mittelbaren Anwendungsbezügen im gegenwärtigen schulischen und im künftigen beruflichen Leben des Schülers. Diese Anwendungsbezüge sind oft nicht direkt sichtbar. Sie herauszuarbeiten sollte das Curriculum Gelegenheit geben.

9. Allgemeine und spezielle Erfahrungen der Schüler
Auch wenn ein Psychologie-Curriculum nicht primär bedürfnisorientiert ist, ist es unerläßlich, an die Vorkenntnisse, die Interessen, Einstellungen und Erwartungshaltungen der Schüler anzuknüpfen bzw. diese zu berücksichtigen.

Erfahrungen mit Leistungskursen in Psychologie

Die Deutsche Gesellschaft für Psychologie (Psychologische Rundschau 1975, 26, 72-74) veröffentlichte folgende globale Lernziele des Psychologie-Unterrichts in der Sekundarstufe II:

Der Schüler soll
- einen Grundbestand an psychologischem Wissen (Theorien, Methoden zur Überprüfung von Theorien, empirische Befunde) erwerben
- erkennen, in welcher Weise mit welchen Implikationen solches Wissen gewonnen wird
- erkennen, wie die Theorien zu beurteilen sind im Hinblick auf ihre durch Beobachtungen (empirische Untersuchungen) geprüfte Übereinstimmungen mit der Realität
- erkennen, unter welchen Bedingungen diese Theorien angewendet werden können
- erkennen, daß psychologische Theorien als Instrumente verwendet werden können, die der Orientierung und dem Handeln in konkreten Lebenssituationen dienen können.

Die in diesen Lernzielen zum Ausdruck kommende Wissenschaftsorientierung entspricht auch den im hessischen Gesetz über die Neuordnung der Gymnasialen Oberstufe vom 21. Juni 1977 zum Ausdruck kommenden allgemeinen Zielen des Unterrichts in der Oberstufe. Allerdings ergänzt das Gesetz die Wissenschaftsorientierung durch den Aspekt der Berufsorientierung.

In Gießen wurde in den letzten acht Jahren an verschiedenen gymnasialen Oberstufen Psychologie als Grund- und/oder als Leistungskurs unterrichtet. Die Veränderung der Ansätze im Verlaufe dieser Zeit ist wohl typisch für das Spektrum möglicher Ansätze. Die 1970 für einen Rahmenplan für ein Schwerpunktfach (Leistungskurs) Psychologie von uns in Gießen formulierten allgemeinen Ziele waren:

- Die Vermittlung grundlegender Informationen über Formen menschlichen Verhaltens, über die sozialen und genetischen Voraussetzungen dieses Verhaltens und über die wissenschaftlichen Methoden seiner Erfassung.
- Diese Vermittlung soll so erfolgen, daß die bei der methodischen und theoretischen Diskussion des Gegenstandes erlernten Fertigkeiten auf andere Bereiche der Natur- und Sozialwissenschaften übertragen werden können. Dieses Ziel impliziert die Weckung wissenschaftlichen Problembewußtseins am Beispiel der Psychologie ebenso wie die Vermittlung der Fähigkeit zur kritischen Reflexion der gesellschaftlichen Position der Psychologie im Bezugsrahmen anderer Wissenschaften.
- Diese Vermittlung soll aber auch so erfolgen, daß der Schüler dazu befähigt wird, das Erlernte auf die Reflexion und die Gestaltung des eigenen Verhaltens anzuwenden.

Die diesen allgemeinen Zielen zugeordneten Kursinhalte waren weitgehend fachsystematisch orientiert:

1. Kurs: Wahrnehmung

1.1 Beziehung zwischen Reiz und Empfindung (Zusammenhang von Physischem und Psychischem, Methoden der Wahrnehmungsforschung)

1.2 Aufbau der Wahrnehmungswelt (Wahrnehmungsqualitäten, Verhaltenskorrelate und Sinnesfunktionen)

1.3 Dynamik der Wahrnehmung (Anpassungsleistungen, Beziehungen der Wahrnehmung zu sozialen und persönlichkeitspezifischen Faktoren)

Es folgten Kurse über: Lernen, Sozialisation, Differentielle Psychologie, spezielle Probleme der Sozialpsychologie und Strukturmodelle der Persönlichkeit.

Die Realisierung der o.g. allgemeinen Ziele war dabei weitgehend dem Unterrichtenden, seinem "Vermittlungsgeschick" überlassen.

Wie in manchen anderen Fächern war nun zunächst eine mehr oder minder vereinfachte Form des Hochschulunterrichts zu beobachten. Das führte nach einiger Zeit zu Widerständen bei den Schülern, die andere Interessen mit dem Kurs Psychologie verbanden. Solche Interessen sind etwa (Präferenzrangreihe bei 80 systematisch über das Fach verteilten Buchtiteln nach einer Untersuchung von SEIFFGE-KRENKE an 154 Schülerinnen und Schülern der Klassenstufe 11 bis 13):

1. Arten des sexuellen Verhaltens
2. Psychologie der Partnerwahl
3. Entstehungsbedingungen der Angst
4. Sexualerziehung und geschlechtliche Aufklärung der Kinder

5. Die Psychologie der Charakterentwicklung
6. Kontaktgestörte Kinder
7. Wesen und Formen der Sympathie
8. Das Unbewußte
9. Formen abnormalen Verhaltens
10. Die Manipulation des menschlichen Verhaltens
11. Sozial auffällige Jugendliche
12. Psychologie der Erziehungsstile
usw.

Der Widerstand gegen den oben angeführten fachorientierten Rahmenplan bzw. gegen seine "akademische" Realisierung, anders ausgerichtete Interessen der Schüler, die den soeben genannten sehr nahe gekommen sein dürften und der relativ häufige Wechsel der (meist noch recht unerfahrenen) Lehrbeauftragten führte allmählich dazu, daß sich der Unterricht immer mehr an den Interessen der Schüler und immer weniger an dem Rahmenplan orientierte.

Eine neue Phase setzte ein, als eine politisch aktive Gruppe von Lehrbeauftragten (Autorengruppe Psychologie. 1976. Forschende Unterrichtsplanung mit Schülern. Weinheim: Beltz) den Unterricht übernahm und diesen eher an den "objektiven" Interessen der Schüler orientierte, d.h. so etwas wie einen "emanzipatorischen" Ansatz vertrat (die Schüler sollten lernen, ihre (politischen) Interessen zu erkennen und aktiv zu vertreten).

So wie ein eng am Hochschulfach Psychologie orientierter Unterricht scheiterte, scheiterte auch ein Unterricht, der meinte, auf diesen Bezug zur Wissenschaft ganz verzichten zu können.

In dieser Situation setzten wir wieder an den ursprünglichen Zielen von 1970 an, jetzt aber mit einem Curriculum, das an einer anderen Schule in der Zwischenzeit entwickelt und zum Teil erprobt worden war. Dieses Curriculum war als wissenschaftspropädeutisches Curriculum entwickelt worden und war orientiert an den Beschlüssen der Kultusministerkonferenz von 1972.

Dieses von I. SEIFFGE-KRENKE (1978. Psychologieunterricht in der Sekundarstufe II - eine Konzeption. NEUE UNTERRICHTSPRAXIS 4) konzipierte Curriculum geht aus von der psychologischen Einsicht, daß wir unsere Umwelt nicht passiv wahrnehmen, sondern aktiv konstruieren. Zielsetzung ist die Herausarbeitung von Grundprinzipien der kognitiven und der affektiven Auseinandersetzung des Individuums mit seiner Umwelt.

Solche Grundprinzipien sind etwa:

- Im psychischen Geschehen lassen sich überall Strukturierungs- und Organisationsvorgänge nachweisen.
- Die vorfindbaren kognitiven und affektiven Organisationen sind prinzipiell formbar.
- Die vorfindlichen Ordnungsstrukturen sind interindividuell und interkulturell verschieden.
- Es gibt ein Streben hin auf Bedeutungsverleihung und Erklärung.
- Diese Bedeutungsverleihung ist interindividuell und interkulturell verschieden.
- Die Erkenntnisfunktionen Wahrnehmung, Kognition, Erinnerung gehören prinzipiell zusammen.
- Die Erkenntnisse werden durch verbale Verschlüsselung transformiert.
- Erworbene und verbal kodierte Wissensbestände werden durch

Kommunikations- und Interaktionsprozesse stabilisiert und abgesichert.

- Wissenschaftliche Ordnungsbildung und Bedeutungsverleihung erfolgt im Prinzip nicht anders als "common sense"-Ordnungsbildung und -Bedeutungsverleihung.

Diesen Grundprinzipien wurden Beobachtungen, Untersuchungen und Experimente aus verschiedenen Teildisziplinen der Psychologie (Wahrnehmung, Gedächtnis, Sprache) zugeordnet. Dieses geschah in Form eines Spiralcurriculums. Die Grundprinzipien tauchen in unterschiedlichen - zunehmend komplexeren - Zusammenhängen immer wieder auf.

Die theoretische Basis des methodischen Vorgehens stellen die Konzeptionen von AUSUBEL (Theorie sinnvollen Lernens), von BRUNER (Theorie des entdeckenden Lernens) und von BERLYNE (Theorie des kognitiven Konflikts) dar.

Konkret bedeutet das, daß der Inhalt einer Unterrichtseinheit so aufgearbeitet wurde, daß von Alltagserfahrungen ausgegangen wurde, daß diese Alltagserfahrungen durch Verfremdung bewußt gemacht wurden und damit durch die Schaffung kongitiver Konflikte forschendes Fragen motiviert wurde. Anschließend wurde versucht, durch Anbieten (oder durch eigenes Nachvollziehen) psychologischer Befunde, Hypothesen und Theorien zu einer wissenschaftlichen Erklärung der Alltagserfahrungen zu kommen.

Für die Klassenstufe 11 und 12 liegen inzwischen nach den oben genannten Prinzipien ausgearbeitete Schülermaterialien vor. Die formative und die summative Evaluation dieser Materialien an mehreren Schülergruppen spricht deutlich für die Konzeption und für die Unterrichtsmaterialien.

Für die Zukunft sind für die Klassenstufe 13 eher projektorientierte Unterrichtseinheiten vorgesehen, die ein höheres Maß an Bezügen zu anderen Lernbereichen und eine deutlichere berufsbezogene Anwendungsorientierung aufweisen sollen. Auch soll den Schülern eine größere thematische Einflußnahme ermöglicht werden.

Als - direkt umsetzbares - Beispiel für eine solche Unterrichtseinheit wird im folgenden das Thema "geschlechtstypisches Verhalten" herausgegriffen und mit einigen methodischen Vorschlägen versehen.

UNTERRICHTSEINHEIT "Geschlechtstypisches Verhalten"

1. Geplanter Umfang (Unterrichtsstunden): variabel
2. Bezüge zu anderen Kursfächern:

Biologie:	- geschlechtstypisches Verhalten bei Tieren
	- biologische Geschlechtsbestimmung (chromosomal, hormonal usw.)
	- Sexualkunde
Soziologie:	- Rollenkonzept
	- Sozialisation
Gesellschaftslehre:	- Gleichberechtigung

3. Lehr- bzw. Lernziele:

   Der Schüler soll (am Ende dieser Unterrichtseinheit)

   1. Verhalten angeben können, in dem sich männliche und weibliche Jugendliche unterscheiden
   2. angeben können, in welchen Bereichen empirisch gesicherte geschlechtsspezifische Verhaltensunterschiede in unserer Kultur beobachtet werden können
   3. angeben können, von welchem Alter an bestimmte geschlechtstypische Verhaltensweisen beobachtet werden können
   4. angeben können, in welchem Ausmaß geschlechtsspezifisches Verhalten kultur- (und epochen-)übergreifend beobachtet werden kann

5. eine größere Anzahl von Umweltbedingungen (und Erwartungen) angeben können, die für beide Geschlechter (in unserer Gesellschaft und in anderen Gesellschaften) wesentliche Unterschiede aufweisen

6. Beziehungen und Unterschiede zwischen psychologischem und biologischem Geschlecht angeben können

7. den Begriff der Rolle (und die diesem zugeordnete Begriffe: Status ...) definieren und kritisch diskutieren können

8. mindestens zwei theoretische Erklärungsansätze (und deren Verankerung in allgemeineren psychologischen Theorien) für die Entstehung geschlechtstypischen Verhaltens ausführen können

9. empirische Untersuchungen angeben (und ausführen) können, die den Gültigkeitsbereich der jeweiligen theoretischen Erklärungen abzuschätzen erlauben

10. die wichtigsten ("pathologischen") Abweichungen von geschlechtstypischem Verhalten angeben und Erklärungshypothesen ausführen können

11. Ziele und mögliche Methoden einer Beeinflussung geschlechtstypischen Verhaltens - unter Bezugnahme auf Theorien und empirische Befunde - diskutieren können

12. Toleranz erkennen lassen gegenüber Normabweichungen im Bereich geschlechtstypischen Verhaltens

4. Methodische Hinweise:

4.1 Ausgangspunkt: Selbsterfahrung, bisherige Information:

Dazu: Durchführung und Auswertung eines Interessefragebogens (bei Interessen kommen Geschlechtsunterschiede besonders deutlich zum Ausdruck)

Partnerarbeit: Gruppierung der Ergebnisse des Interessefragebogens nach dem Geschlecht der Schüler. Erstellung durchschnittlicher Gruppenprofile

Sammlung des bisher bekannten geschlechtstypischen Verhaltens bei Tieren (besonders bei Anthropoiden) und bei Menschen aus verschiedenen Kulturen

Plenum: Sammlung der Ergebnisse der Partnerarbeit, Ordnung der Ergebnisse und kurze Diskussion

4.2 Erweiterung der Informationsbasis:

Arbeitsaufträge an einzelne Schüler oder an Schülergruppen (im Unterricht bzw. zu Hause). Die Arbeitsaufträge bestehen in einer Informationssuche unter folgenden Gesichtspunkten:

- verläßliche Deskription geschlechtstypischen Verhaltens (im Vergleich zu Verhalten, das nicht geschlechtstypisch ist).
- Sammlung von spezifischen äußeren und inneren Bedingungen, denen beide Geschlechter in unserer oder in anderen Kulturen ausgesetzt sind.
- Sammlung von Informationen zur Entwicklung und Veränderung geschlechtstypischen Verhaltens in unserer Kultur und in anderen Kulturen
- Sammlung von Erklärungsansätzen für geschlechtstypisches Verhalten

Die (je nach intendiertem Umfang der Unterrichtseinheit in der Anzahl variierbaren) Arbeitsaufträge können sein:

- Beobachtung (Beobachtungsprotokolle nach vorher vereinbarten Kategorien) männlicher und weiblicher Schüler im Unterricht, Pausen und Freizeit
- Befragung männlicher und weiblicher Erwachsener auf der Straße (mit Kassettenrecorder):

  Was erwarten Sie von einem "typischen" 12jährigen Jungen?

  Was erwarten Sie von einem "typischen" 12jährigen Mädchen?

  Worin unterscheiden sich Ihrer Meinung nach Jungen und Mädchen in ihrem Verhalten vor allem?
- Befragung einer oder zweier Klassen (etwa 7. Klasse):

  Interessenfragebogen

  Einstufung der Geschlechtstypik verschiedener Verhaltensweisen

  u.ä.
- Analyse ethologischer Literatur bezüglich geschlechtstypischer Verhaltensweisen bei Anthropoiden
- Analyse kulturanthropologischer Literatur bezüglich geschlechtstypischer Verhaltensweisen in verschiedenen Kulturen

- Analyse historischer Quellen über geschlechtstypisches Verhalten und dessen Bewertung in verschiedenen Epochen
- Sammlung von Unterlagen zur Ungleichbehandlung der beiden Geschlechter in unserer Gesellschaft: Erziehung, Berufszugang, Entlohnung usw.
- Analyse von Grundschul-Lesebüchern (und von Kinder- und Jugendbüchern) zum Bild des Jungen und zum Bild des Mädchens

4.3 Sichtung und Ordnung des Informationsmaterials in Gruppenarbeit. Vervielfältigung des wichtigsten Materials. Bericht und Diskussion im Plenum.

Ziel dieses Arbeitsschrittes ist die Aufstellung von Hypothesen über:

- die (biologische und psychologische) Funktion geschlechtstypischen Verhaltens
- die (biologische und psychologische) Funktion geschlechtstypischer Erwartungen und Einstellungen
- die kulturübergreifende, epochenübergreifende, artübergreifende, altersübergreifende Konsistenz (bzw. Variabilität) geschlechtstypischen Verhaltens
- die Genese geschlechtstypischen Verhaltens und geschlechtstypischer Einstellungen

4.4 Referate:

4.4.1 Referate über ausgewählte empirische Untersuchungen geschlechtstypischen Verhaltens (Intelligenzbereich, Persönlichkeitsbereich, Motivationsbereich, Bereich sozialen Verhaltens)

Plenumsdiskussion:

Geschlechtstypisches Verhalten: Realität oder Vorurteil?

4.4.2 Referate der vier wichtigsten Theorien zur Genese geschlechtstypischen Verhaltens (ethologische Theorie, psychoanalytische Theorie, Theorie sozialen Lernens, kognitive Theorie)

Diese Referate können in Einzel- oder Partnerarbeit erstellt werden oder vom Lehrer übernommen werden

4.5 Abschließende Plenumsdiskussion:

Ansätze und mögliche Ziele der Beeinflussung geschlechtstypischen Verhaltens

Möglichkeiten der Entstehung von Normvarianten (Homosexualität, Transsexualität usw.)

5. Literaturhinweise zur Unterrichtseinheit (Auswahl)

A. Schülertext:

BIERHOFF-ALFERMANN, D. 1977. Psychologie der Geschlechtsunterschiede. Köln: Kiepenheuer & Witsch.

B. Lehrertexte:

FRIEDMAN, R.C. et al. (Eds.) 1974. Sex Differences in Behavior. New York:

KENTLER, H. (Hg.) 1973. Texte zur Sozio-Sexualität. Opladen:

KÜRTHY, T. 1978. Geschlechtsspezifische Sozialisation 1 + 2. Paderborn:

* MACCOBY, E.E. (Ed.) 1967. The Development of Sex Differences. London:

* MACCOBY, E.E. & JACKLIN, C.N. 1974. The Psychology of Sex Differences. Stanford, Calif.:

* MONEY, J. & EHRHARDT, A. 1975. "Männlich - weiblich". Die Entstehung der Geschlechtsunterschiede. Hamburg: rororo.

OUNSTED, Ch. & TAYLOR, D.C. 1972. Gender Differences: Their Ontogeny and Significance. Edinburgh and London:

* Grundlegende Literatur

DISKUSSION IN DER ARBEITSGRUPPE "PSYCHOLOGIE-UNTERRICHT IN DER SEKUNDARSTUFE II"

Im Verlauf des umfangreichen Referats von TODT zu Fragen des Psychologie-Unterrichts in der Sekundarstufe II traten Fragen im Zusammenhang mit folgenden Themenkomplexen auf:

1. Erwerb der Fakultas in Psychologie vs. Diplomstudiengang.
2. Besondere Merkmale des Gießener Curriculums.

ad 1.) Auf Anfrage stellte TODT fest, daß die Diskussion um den Erwerb der Lehrbefähigung für das Fach Psychologie in Gießen bisher nur auf universitärer Ebene geführt werde; das Kultusministerium habe bisher kaum Interesse an der Einführung eines neuen Studienganges bekundet.
Hinsichtlich der Inhalte des Studienganges für künftige Psychologielehrer betonte TODT, daß es seiner Meinung nach nicht sinnvoll sei, die Anforderungen in der Allgemeinen Psychologie in der Grundausbildung zugunsten der Angewandten Psychologie zu reduzieren. Zum einen sei es Aufgabe der Psychologielehrer, ihre Schüler beim Aufbau kognitiver Strukturen im Rahmen des Psychologie-Unterrichts zu unterstützen; dazu seien grundlegende Kenntnisse in Allgemeiner Psychologie eher nötig, als für Psychologiestudenten, die später in angewandten Bereichen tätig seien. Zum anderen sei eine stärkere Betonung von Themen aus der Angewandten Psychologie für die Studenten nicht notwendig motivierender.
Nach dem Erwerb der Fakultas in Psychologie sollte es grundsätzlich die Möglichkeit geben, durch ein viersemestriges Zusatzstudium das Diplom zu erwerben.

ad 2.) Zentrales Anliegen des in Gießen vertretenen wissenschaftspropädeutischen Curriculumansatzes ist es, sogenannte "heuristische Strukturen" bei den Schülern auszubilden, die prinzipiell auf die unterschiedlichsten Fragestellungen

übertragbar sind. Die Frage, ob Schüler unter diesen Bedingungen - im Gegensatz zu anderen curricularen Ansätzen - realistischere Vorstellungen über den Gegenstand der Psychologie als Wissenschaft entwickeln könnten, wurde von TODT bejaht. Ein solcher Unterricht betreibe in gewissem Sinne "positive Abwerbung".
Als besonderes methodisches Merkmal des Gießener Curriculums stellte TODT heraus, daß es schülerzentrierten Unterricht erfordere und möglich mache.

Sabine Kowal

DISKUSSION IN DER ARBEITSGRUPPE "AUSBILDUNG IN PSYCHOLOGIE FÜR NICHT-PSYCHOLOGEN ALS FORT- UND WEITERBILDUNG"

- Zu diesem Thema wurde kein Referat gehalten -

I. Einleitung

Die anderen Arbeitsgruppen diskutierten Probleme der Psychologie als Nebenfach in einem Curriculum, das zu einem Berufsabschluß führte. In der vorliegenden Arbeitsgruppe wurden dagegen die Probleme bearbeitet, die sich aus Fort- und Weiterbildungsmaßnahmen mit psychologischen Inhalten, also nach Abschluß der jeweiligen Berufsausbildung, ergeben. Der Anlaß liegt auf der Hand:
Die Fort- und Weiterbildung ist in den letzten Jahren nicht nur zu einem bedeutenden Thema in der Bildungsdiskussion geworden, vielmehr hat sich auf diesem Gebiet auch ein "Markt" mit Angebot und Nachfrage, mit Preisen und Umsätzen entwickelt.
Welche Ursachen liegen dem zugrunde?
Welche Konsequenzen ergeben sich für die Psychologen und die Psychologie?
Diese Fragestellungen wollte die Arbeitsgruppe diskutieren.
Der folgende Bericht stellt keine empirisch oder systematisch gewonnenen Ergebnisse dar, sondern referiert Thesen, Meinungen, Ansichten der Diskutanten, wobei mit Bedacht und Absicht provokative Argumente mit aufgeführt wurden.

II. Diskussionsergebnisse

1. Bedarf

Die Frage, wer welche psychologischen Erkenntnisse erwerben könnte oder müßte, kann unter verschiedenen Gesichtspunkten betrachtet werden. Dabei sollte zwischen den theoretisch möglichen und den in der Praxis üblichen Verfahren unterschieden werden.

a) Theoretisch:

- Aus der Psychologie als Wissenschaft
  Sieht man die Psychologie als die Wissenschaft vom menschlichen Verhalten an, so ergibt sich daraus die triviale Erkenntnis, daß psychologische Erkenntnisse für Personen um so bedeutsamer werden, je mehr diese mit anderen Menschen zu tun haben. Ein Operator an einer EDV-Anlage wäre demnach (zumindest von seinem beruflichen Arbeitsfeld her) weniger für psychologische Themen prädestiniert als zum Beispiel ein Arzt oder Lehrer. Dementsprechend haben sich innerhalb der Psychologie selbst korrespondierende Teildisziplinen herausgebildet (Pädagogische Psychologie, Medizinische Psychologie). Soweit die Psychologie nicht ohnehin in das Ausbildungsprogramm der jeweiligen Berufe eingebaut ist, müßte sie in Fort- und Weiterbildungsmaßnahmen verwirklicht werden.

- Mittels Konfliktanalyse
  Eine gängige Methode, den Bedarf an Fort- und Weiterbildungsmaßnahmen zu erheben, besteht darin, soziale Konfliktfälle daraufhin zu analysieren, ob sie bei besserer psychologischer Ausbildung der Beteiligten hätten vermieden oder vermindert werden können. So könnte zum Beispiel das Scheitern eines betrieblichen Arbeitsteams trotz vorhandener fachlicher Qualifikation der Mitglieder zu Fort- und Weiterbildungsmaßnahmen mit sozial- und kommunikations-psychologischen Inhalten führen.

- Durch Analyse von Hoch- und Minderleistern
  Ebenfalls vorwiegend im betrieblichen Bereich deckt die Methode der Analyse von Höchst- und Minderleistern Bedürfnisse nach psychologischer Schulung auf. Paradebeispiele hierfür sind Kurse in psychologischer Gesprächstechnik und Verhandlungstechnik, die sich gegebenenfalls aus der Analyse der Verkaufserfolge von Außendienstmitarbeitern ergeben könnten.

- Durch Analyse der Bedürfnisse der "Betroffenen"
  Schließlich läßt sich der Bedarf nach psychologischer Fort- und Weiterbildung auch noch aus der Analyse der Bedürfnisse der Kontaktpersonen, also von Klienten, Patienten, Kunden, Mitarbeitern usw., entwickeln, mit denen es die jeweiligen Berufsträger zu tun haben. Ein provokatives Beispiel zur Illustration: Eine gezielte Exploration von Angeklagten oder Zeugen nach einer Gerichtsverhandlung brächte sicher einen ganzen Katalog von notwendigen psychologischen Weiterbildungsmaßnahmen für Justiz-Juristen zutage.

b) Pragmatisch:

Ob zu bedauern oder nicht - der offensichtliche Realbedarf an psychologischer Fort- und Weiterbildung wird nicht nach den oben skizzierten wissenschaftlichen Methoden ermittelt. Vielmehr richtet er sich weitgehend nach anderen Bedingungen und Kriterien:

- Nach Gesetzen und Verwaltungsvorschriften
  Vielfach setzen neue Vorschriften einen Boom an Fort- und Weiterbildungsmaßnahmen in Gang. So führte zum Beispiel eine inzwischen schon berühmt gewordene "Ausbilder-Eignungs-Verordnung", nach der jeder Ausbilder in der Wirtschaft seine pädagogische Eignung nachzuweisen hat, zu einem breiten Sortiment an Kursen, Schulungen, Seminaren, Unterrichtsprogrammen usw. bis zu

einem gesamten Fernsehkurs ("Ausbildung der Ausbilder").
Ebenfalls im Bereich der Wirtschaft entstand eine Reihe von sogenannten "Beurteilungsseminaren" nicht so sehr aus einem primären Bedürfnis nach gerechterer Beurteilung anderer Menschen, sondern aus der in manchen Tarifverträgen enthaltenen Vorschrift, daß eine übertarifliche Bezahlung von einzelnen Mitarbeitern begründet werden muß. Dies setzte hieb- und stichfeste Beurteilungsverfahren voraus.

- Nach "Moden"
  Es ist unbestreitbar, daß die Psychologie heute mehr und mehr in das öffentliche Leben eindringt, zum Diskussionsstoff wird und damit auch das Bedürfnis nach genauerer, detaillierterer Information in Gang setzt. Fast alle Träger von Fort- und Weiterbildung haben darauf reagiert und psychologische Themen in ihre Programme aufgenommen. Die Schwerpunkte wechseln dabei nach ziemlich irrationalen Kriterien; war früher zum Beispiel "Menschenkenntnis" ein zugkräftiger Titel, so heute vielleicht "Gruppendynamik" oder "Kommunikationstraining".

- Nach subjektiven Kriterien der Auftraggeber
  Schließlich hängt der Bedarf auch weitgehend von durchaus subjektiven Kriterien der "Auftraggeber" ab. Natürlich spielen dabei die oben genannten "Moden" eine Rolle, zuweilen aber auch andere, nicht immer durchschaubare Gesichtspunkte. Es wird zum Beispiel von manchen Industrieunternehmen berichtet, daß Kurse mit psychologischer Thematik als "Belohnungen" für bestimmte Mitarbeitergruppen eingesetzt werden. Wer sich während des Jahres bewährt hat, der darf dann "auf Kurs". "Haben Sie nicht was Schickes für meine Abteilungsleiter?" - lautet dann nicht selten die Frage an den jeweiligen Dozenten.

2. Motivation

Unabhängig vom äußeren Bedarf müßte jedoch die innere Motivation der Teilnehmer betrachtet werden, die sich für psychologische Fort- und Weiterbildung interessieren. Diese korrespondiert nur teilweise mit dem, was unter dem Schlagwort "Bedarf" ermittelt wurde bzw. ermittelt werden könnte. Sicher gibt es auch Teilnehmer, die zum Beispiel ihr Beurteilungsverhalten als Vorgesetzter aus primären Interessen verbessern wollen. Sicher führen manche mit ihrem Kursbesuch auch nur eine interne Dienstanweisung aus. Jedoch spielen - zumindest nach der Meinung der Diskutanten - auch sehr stark individuell-persönliche Motive eine Rolle:

a) Selbsthilfe (Selbsttherapie)
Obwohl der Markt der rein therapeutisch orientierten Kurse, Gruppen und Seminare nicht unter den Titel der Arbeitsgruppe fallen sollte, kommen offensichtlich Bedürfnisse nach Selbsterkenntnis, Selbstbestätigung, Lebenshilfe, Selbsttherapie usw. auch beim Besuch "reiner" Fort- und Weiterbildungsveranstaltungen zum Tragen. Gar manches Seminar beginnt am Morgen im Tagungsraum mit der theoretischen Analyse von Kommunikationssystemen im Betrieb und endet des Nachts an der Bar mit Eheproblemen und individuellen Lebensschwierigkeiten.

b) Soziale Motivation
Die Motivation, anderen Menschen helfen zu wollen, mag ebenfalls eine Komponente sein, die manche Teilnehmer bewegt. Dabei ist - zumindest nach einigen Veröffentlichungen der letzten Zeit (zum Beispiel von SCHMIDBAUER oder RICHTER) - nicht auszuschließen, daß diese Motivationsquelle in einer engen Beziehung zu der unter a) genannten steht.

c) Macht gewinnen
Ebenfalls nicht ganz unabhängig von a) und b) ist das Motiv zu sehen, durch psychologische Schulung zu mehr Macht im beruflichen oder heimischen Feld zu gelangen. Viele Teilnehmer scheinen von psychologischen Erkenntnissen zu erwarten, daß man mit ihrer Hilfe Partner besser "durchschauen" könne, Verhandlungen mit sogenannten "psychologischen Tricks" erfolgreicher gestalten könne, kurz mehr persönlichen oder sozialen Erfolg einheimst.

d) Unterhaltung
Unbestritten hat Psychologie - gut dargeboten - auch einen recht beträchtlichen "Unterhaltungswert". Wie später noch erwähnt wird, ist es im Verhältnis zu anderen Themen einfach, psychologische Inhalte anregend und abwechslungsreich zu vermitteln. Abgesehen davon setzen manche psychologischen Inhalte (zum Beispiel Kreativitätstrainings) eine heitere, entspannte Atmosphäre sogar voraus.

e) Voyeuristische (oder exhibitionistische) Tendenzen
Schließlich sind - nach Meinung der Diskutanten - auch bei manchen Teilnehmern gewisse voyeuristische oder exhibitionistische Tendenzen nicht auszuschließen. Hat man doch gehört oder gelesen, was bei psychologischen Kursen nicht alles passieren soll, vom "Urschreien", über "seelische Zusammenbrüche beim Marathon" bis zum "Sensitivity-Training mit Anfassen". Vielleicht sind unterschwellige Strebungen dieser Art nicht ganz unschuldig dafür, daß die Psychologie weithin als "interessant" gilt.

Im Zusammenhang mit der Diskussion der Motivation von Teilnehmern an psychologischen Weiterbildungsveranstaltungen wurde von der Arbeitsgruppe noch ein interessantes Nebenthema gestreift, das der Motivation von Dozenten, die Psychologie in derartigen Veranstaltungen unterrichten. Was

bringt sie dazu, Kurse und Seminare für Nicht-Psychologen abzuhalten?
Sicher spielt dabei das Honorar, das zuweilen ganz erheblich sein mag, eine Rolle. Aber könnten es nicht auch ähnliche Motive wie bei den Teilnehmern sein, nämlich Selbstbestätigung, Altruismus, Machtgefühle, Unterhaltungsbedürfnis, voyeuristische bzw. exhibitionistische Tendenzen?

3. Inhalte, Methodik, Didaktik

Nach dem Bedarf und der Motivation der Teilnehmer richtet sich auch das inhaltliche Angebot. Nach Meinung der Arbeitsgruppenteilnehmer sind die folgenden Themenbereiche als "Renner" anzusehen: Führungspsychologie, Beurteilungsverhalten, Gesprächsführung, Kommunikationstraining, Kreativitätstechniken, Lerntechniken und Didaktik. Diese Themenbereiche decken offenbar den offiziellen Bedarf genauso ab, wie die versteckten Motivationen der Teilnehmer. Nur an den Teilnehmern orientiert, hätten wahrscheinlich auch Themenbereiche wie "Tiefenpsychologie" oder "Psychopathologie" - nach den Erfahrungen einiger Arbeitsgruppenmitglieder - gute Chancen. Sehr wenig interessiert andererseits der Prozeß und die Problematik des wissenschaftlichen Erkenntnisgewinns, die psychologische Methodenlehre oder die rein experimentelle Psychologie. Zwar wird von Teilnehmern häufig auch nach Literatur zum jeweils behandelten Thema gefragt (und jeder Dozent wird eine entsprechende Liste parat haben), jedoch ist die tatsächliche Lektüre selten.
Generell wurde der Trend vermerkt, daß in Fort- und Weiterbildungsveranstaltungen die Schwerpunkte <u>nicht</u> im Bereich der Informationsaufnahme und Informationswiedergabe, sondern mehr auf dem Feld des Verhaltenstrainings liegen. Dadurch verschwimmt auch häufig der Unterschied zwischen Inhalt und Methodik. Zuweilen ist die Methode selbst Inhalt.

Dies gilt beispielsweise für das Gebiet der Gruppenpsychologie, die kaum als einstündiges Referat vermittelt, sondern nur anhand konkreter Selbsterfahrung mit den Teilnehmern erarbeitet werden kann. Somit ist - von einem gängigen Didaktikbegriff her betrachtet - Psychologie nicht besonders schwierig zu unterrichten. Viele psychologischen Erkenntnisse, zumindest in den angeschnittenen Themenbereichen, können von den Teilnehmern selbst erlebt werden, oder lassen sich zumindest anschaulich demonstrieren. Hierzu kommt noch die schon erwähnte Basismotivation der Teilnehmer. "Die Psychologie unterrichtet sich eigentlich von selbst" - lautete die Äußerung eines Diskutanten mit einschlägiger Erfahrung.

4. Evaluation

Wenn die bisher skizzierten Auffassungen zutreffen sollten, wird die Evaluation von Fort- und Weiterbildungsveranstaltungen mit psychologischen Inhalten in mehrfacher Hinsicht schwierig. Wenn Verhaltensänderungen als Ziel gesetzt werden, ist eine Erfassung des Erfolges letztlich nur durch eine Beobachtung am Arbeitsplatz möglich. Diese scheitert an den bekannten organisatorischen, methodischen und prinzipiellen Problemen. Üblicherweise beschränkt man sich doch wieder auf schriftliche oder mündliche Kurskritiken, wobei die Gefahr besteht, daß der schon erwähnte "Unterhaltungswert" einer Veranstaltung voll auf deren Beurteilung durchschlägt.

5. Moral

Die Teilnehmer der Arbeitsgruppe waren sich über einige

ethisch-moralische Probleme im klaren, die sich aus der beschriebenen Situation stellen. Einerseits besteht sowohl ein Bedarf wie auch ein Bedürfnis (Motivation) nach psychologischer Fort- und Weiterbildung. Andererseits jedoch ist die wissenschaftliche Psychologie auf vielen Gebieten noch nicht so weit, daß sie praxisrelevante und anwendbare Erkenntnisse liefern kann (Beispiel: Die anwendbaren Beiträge der Lerntheorien zur praktischen Lerntechnik sind ausgesprochen mager).

Was ist in dieser Situation das größere Übel? Sich auf einen puristischen Standpunkt zurückziehen - auf die Gefahr hin, daß möglicherweise Scharlatane den Bedarf und die Bedürfnisse befriedigen.

Oder: unter Hintanstellung wissenschaftstheoretischer Bedenken eine "Simple-Structure-Psychologie" nach Hausmacherart entwerfen, die bei allen Teilnehmern ankommt, aber deren Bezug zu den wissenschaftlichen Erkenntnissen gering ist.

Außerdem: wie der Versuchung widerstehen, unter Ausnutzung der versteckten Motivationen der Teilnehmer einen Kurs durchzuführen, der "ankommt", aber nichts bewirkt?

Oder: das Bedürfnis nach Psychologie zum Anlaß nehmen, die Teilnehmer zu einer Fort- und Weiterbildungsveranstaltung zu locken, dann aber exakte wissenschaftliche Theorien darbieten?

Selbstverständlich konnten Lösungen für diese Fragen nicht gefunden werden.

Bernd Gasch

DIE ABSCHLUSSDISKUSSION IM TAGUNGSPLENUM

Zwei Fragen standen im Mittelpunkt der Diskussion:
- Wie sollen sich Psychologen zu den Erwartungen verhalten, die ihnen und der Psychologie entgegengebracht werden?
- Was machen Nicht-Psychologen mit ihrer psychologischen Ausbildung: Wie kann Mißbrauch verhindert werden?

Die erste Frage wurde diskutiert, weil manche Erwartungen, die Nicht-Psychologen an die Psychologie richten und mit denen sie Ausbildungsangeboten begegnen, den lehrenden Psychologen recht problematisch zu sein schienen. Es wurde berichtet, daß Teilnehmer ganz unterschiedlicher Veranstaltungen, von Psychologie-Kursen an Gymnasien über Nebenfach-Angebote an Hochschulen bis hin zu Seminaren für Unternehmensmanager, vielfach ein Bild von der Psychologie mitteilen, in dem das Abnorme und nicht selten auch das, was für die wissenschaftliche Psychologie eher am Rande liegt, dominiert. Nicht selten wird Psychologie gleichgesetzt mit Psychoanalyse oder Psychotherapie oder Klinischer Psychologie. Manchmal wird sie in Beziehung gesetzt zu Parapsychologie und zu Astrologie. Solche einseitigen Bilder tragen vielleicht dazu bei, daß sich manche von der Psychologie Informationen von "hohem Unterhaltungswert" (GASCH) erhoffen. Viele Hörer erwarten eine Art Gruppentherapie, mindestens die Gelegenheit zur Selbsterfahrung. Nicht wenige haben das alte Vorurteil, Psychologie ermögliche einen Blick hinter die Fassade der Mitmenschen, verschaffe Möglichkeiten, andere nicht nur zu durchschauen, sondern auch besser zu beherrschen, zu manipulieren. Nur wenige Hörer scheinen von sich aus auf die Idee zu kommen, Psychologie-Unterricht könnte ihnen Informationen liefern, die sich als vielseitige Instrumente zum Problemlösen verwenden lassen. Psychologische Informationen als Entscheidungshilfe in diesem Sinne sind, mindestens zunächst, wenig gefragt.

Diskutiert wurde, wie man verhindern könne, die Abnehmer von Psychologie zu enttäuschen, ohne allen ihren Erwartungen zu entsprechen. Es wurde nämlich vermutet, daß eine zu schroffe Konfrontation von Hörern mit Auffassungen, die ihren Erwartungen widersprechen, dazu führen könnten, daß sie sich eine Psychologie, wie sie sie erwarten und wünschen, bei anderen holen. Das Resultat könnte sein: Psychologie für Nicht-Psychologen von Nicht-Psychologen - oder auch von geschäftstüchtigen und weniger vorsichtigen Psychologen. Langfristig wäre wohl die beste Strategie, darauf liefen viele Diskussionsbeiträge hinaus, wenn die in Psychologie Ausbildenden versuchten zu zeigen, daß Psychologie Besseres zu bieten hat als Informationen über Merkwürdigkeiten menschlichen Verhaltens und über Möglichkeiten des Enttarnens und Manipulierens, nämlich Informationen, die zur Lösung von Ziel- und Wegproblemen in Beruf und im Privatleben verwendet werden können. Dabei wurde auch auf die Notwendigkeit hingewiesen, ethische Probleme der Anwendung psychologischer Informationen zu diskutieren, z.B. im Hinblick auf die Möglichkeit der Manipulation.

Zu der zweiten Frage, wie der Mißbrauch psychologischer Kenntnisse verhindert oder wenigstens erschwert werden könne, wurde zunächst verdeutlicht, inwiefern Mißbrauch befürchtet wird. Es wird angenommen, wenn Nicht-Psychologen psychologische Informationen anwenden, können sie Schaden anrichten, weil ihre psychologischen Kenntnisse möglicherweise einseitig und lückenhaft sind, weil sie in der Regel weniger Erklärungs- und Handlungsmöglichkeiten kennen als Psychologen, weil sie vielleicht nicht alle relevanten Folgen ihres Eingreifens vorhersehen können.

Verschiedene Wege, das zu verhindern, wurden diskutiert:
- Gesetzlicher Schutz psychologischer Tätigkeiten, der

Nicht-Psychologen von der Lösung bestimmter Aufgaben, z.B. von Psychotherapie, ausschließt.

- Öffentlichkeitsarbeit, die Informationen darüber verbreitet, welche Aufgaben nur von Psychologen gelöst werden sollten.
- Ausbildung der Nicht-Psychologen in einer Weise, die so gut wie möglich sichert, daß die Ausgebildeten erkennen: Psychologische Informationen, insbesondere psychologische Theorien, stellen Annahmen dar und nicht "Gesetzmäßigkeiten", "Tatsachen", die unbezweifelbar einfach "so sind". Verantwortliche Anwendung psychologischer Informationen setzt voraus, daß sie kritisch daraufhin beurteilt werden, ob tatsächlich angenommen werden kann, daß sie zutreffen. Konsequenz für die Ausbildung: Psychologisches Wissen <u>muß</u> ergänzt werden durch die Kenntnis wissenschaftstheoretischer und methodologischer Beurteilungskriterien.

Gesetzlicher Schutz wurde überwiegend, aber durchaus nicht einhellig, positiv bewertet. Es wurde auch darauf hingewiesen, daß gesetzlicher Schutz nur für einige psychologische Aufgabengebiete den Mißbrauch erschweren kann - abgesehen von der für Psychologen selbstverständlich wohltätigen Nebenwirkung, Konkurrenz zu erschweren und Arbeitsplätze zu sichern.

Gegen Öffentlichkeitsarbeit wurde nichts eingewendet. Sie scheint auf jeden Fall nützlich zu sein, wenn auch offensichtlich nicht leicht in ausreichendem Umfang zu realisieren.

Am aussichtsreichsten erschien die inhaltliche Gestaltung der psychologischen Ausbildung der Nicht-Psychologen. Es wurden Erfahrungen berichtet, daß eine Ausbildung, die zwar Psychologie durchaus anwendungsorientiert vermittelt, aber nicht als Rezeptwissen, also nicht als Empfehlung, so oder so zu handeln, sondern als kritisch ausgewählte und kritisch beurteilte Informationen zum Problemlösen, dazu beiträgt, daß psychologische Kenntnisse mit wünschenswerter Vorsicht und Umsicht angewendet werden. Eine derartige Vermittlung von Psychologie trüge vor allem auch dazu bei, Zusammenarbeit mit Psychologen zu begünstigen. Eine gewissermaßen "vernünftige" Ausbildung in Psychologie erhöhe die Bereitschaft von Nicht-Psychologen, sich von Psychologen beraten zu lassen und Psychologen zur Problemlösung hinzuzuziehen.

Bernhard Kraak

Die Autoren

Dr. EDITHA FERCHLAND-MALZAHN, Dipl.-Psych., ist Oberassistentin in der Abteilung Medizinische Psychologie der RWTH Aachen.

Dr. BERND GASCH, Dipl.-Psych., ist Professor für Pädagogische und Unterrichtspsychologie an der Pädagogischen Hochschule Ruhr in Dortmund.

Dr. ELFRIEDE HÖHN, Dipl.-Psych., ist Professorin für Erziehungswissenschaft und Pädagogische Psychologie an der Universität Mannheim.

Dr. CARL GRAF HOYOS, Dipl.-Psych., ist Professor für Psychologie an der Technischen Universität München.

SABINE KOWAL, Ph.D., Dipl.-Psych., ist Lehrerin an einer Berliner Grundschule.

Dr. BERNHARD KRAAK, Dipl.-Psych., ist Professor am Deutschen Institut für Internationale Pädagogische Forschung in Frankfurt am Main und Direktor der Abteilung Psychologie.

SABINE LINDENLAUB, Dipl.-Psych., ist Professor für Psychologie und Wissenschaftstheorie an der Ev. Fachhochschule für Sozialwesen in Reutlingen.

Dr. GÜNTER F. MÜLLER, Dipl.-Psych., ist wissenschaftlicher Leiter eines Forschungsprojekts am Sonderforschungsbereich 24 der Universität Mannheim und lehrermächtigter Forschungsassistent.

Dr. PETER ORLIK, Dipl.-Psych., ist Professor für Psychologie an der Universität des Saarlandes in Saarbrücken.

Dr. EIBE-RUDOLF REY, Dipl.-Psych., ist Professor und Leiter der Abteilung Klinische Psychologie am Zentralinstitut für Seelische Gesundheit in Mannheim.

Dr. HERMANN SATERDAG, Dipl.-Psych., ist wissenschaftlicher Mitarbeiter im Institut für Arbeitsmarkt- und Berufsforschung der Bundesanstalt für Arbeit in Nürnberg.

Dr. EBERHARD TODT, Dipl.-Psych., ist Professor am Fachbereich Psychologie der Universität Gießen.

KLAUS WILDGRUBE, Dipl.-Psych., ist wissenschaftlicher Angestellter in der Abteilung Medizinische Psychologie der Medizinischen Hochschule Hannover.